KB273621

워너비 하우스
in 제주

초판 1쇄 인쇄 _1쇄 발행 2016.04.19
초판 1판 발행 _1쇄 발행 2016.04.27

글_ 김지향
사진_ 지원국

발행인_ 홍성찬
발행처_ 인사이트북스
출판신고_ 2009년 6월 5일 제25100-2009-0017호
주소_ 서울특별시 강북구 삼양로169길 34-12(우이동)(142-871)
대표전화_ 070)8112-0846
팩시밀리_ 02)906-9888
이메일_ insightbooks@hanmail.net

ⓒ김지향, 지원국 저작권자와 맺은 특약에 따라 검인을 생략합니다.

ISBN 978-89-98432-48-5 13320

이 책은 저작권법에 따라 보호받는 저작물이므로 무단전재와 복제를 금지합니다.
이 책 내용의 전부 또는 일부를 이용하려면 반드시 저작권자와 인사이트북스의 서면동의를 받아야 합니다.

책값은 뒤표지에 있습니다.
잘못된 책은 구매하신 서점에서 바꾸어 드립니다.

워너비 하우스 in 제주

글 김지향
사진 지원국

인사이트북스

예쁘게, 멋지게 자신의 삶을 디자인하는 사람들

제주 이주 열풍이 거세지면서 제주에서의 첫 직업(?)으로 게스트하우스 주인장을 선택하는 사람들이 많습니다. 그만큼 게스트하우스는 초보자가 비교적 쉽게 접근할 수 있는 분야이기도 하지요. 바닷가 예쁜 내 집의 로망을 실현할 수 있고, 거기 더해 여행자를 손님으로 받으면 일정 수준의 소득도 보장될 테니 말입니다.

하지만 오랜 시간 제주에서 터를 잡고 게스트하우스를 운영해 온 주인장들은 한결같이 말합니다. 제주 이주를 결정할 때 가장 중요한 건 '제주에서 뭐해 먹고살 것인가'보다 '제주를 사랑하는 마음'이라고.

이 책에 소개된 열한 명의 게스트하우스 주인장들은 이제 더 이상 게스트하우스 운영에만 모든 시간을 쏟지 않습니다. 도자기를 굽거나 사진을 찍고, 제주 식재료의 맛을 고스란히 살린 음식을 만들고, 살사를 추며 노래를 부르고, 다양한 지역 사회 활동에 참여하고, 농사도 짓고, 독특한 조개껍질을 주워 액세서리도 만듭니다. 또 어떤 이는 지질공원 해설사가 돼 제주를 여행하는 이들이 좀 더 깊이 제주를 알 수 있도록 도우미 역할을 하기도 합니다. 모두가 도시에서는 하지 않았던, 하고는 싶었지만 선뜻 시작하기 어려웠던 일들입니다. 이들 모두는 제주로의 이주가 단순히 삶의 터전을 옮기는 게 아니라 또 다른 새 삶의 시작이었다고 말합니다.

"욕심을 조금씩 내려놓으니 느림의 여유, 편안함의 여유가 생기더군요."

많은 이들이 1년 이상 여행자 모드로 살아 보고 나서야 제주에서 어떻게 살 것인가를 더 깊이 있게 고민하게 됐다고 합니다. 또 이들 역시 게스트하우스 운영은 초보였기에 1년 이상 좌충우돌하며 하루가 언제 갔는지 모를 정도로 바쁜 일상을 보냈다고도 합니다. 마음속에 그렸던 '제주에서 꿈꾸던 삶'과 현실은 많이 달랐다는 말이지요. 그러나 제주가 좋아 정착한 사람들이기에 1년여의 시간은 오히려 게스트하우스 운영의 묘를 살릴 수 있게 된 밑거름이 됐고, 자신이 진짜 꿈꿨던 삶이 무엇이었는지 진지하게 돌아보는 시간이 됐습니다.

지금 제주로 이주해 게스트하우스를 신축하거나 리모델링한다는 건 어쩌면 레드오션으로 진입하는 일일 수도 있습니다. 하지만 이주민이 급증하기 직전 연도인 2011년에도 제주도 내 농어촌민박(게스트하우스는 대부분 '농어촌민박'으로 등록)은 1001개소에 달했습니다. 여기에 호텔, 콘도미니엄, 펜션, 여관 등을 더하면 2011년 도내 전체 숙박업소 수는 1798개로 훌쩍 뜁니다. 2015년 6월 자료를 보면 '공중위생관리법' 상 숙박업소는 1089개소입니다. 농어촌민박이 포함되지 않은 수치이니 4년 동안 호텔, 펜션 등 일정 규모를 갖춘 숙박업소가 292개 늘었다는 의미죠. 농어촌민박에 관한 2015년 집계 자료는 나와 있지 않지만 지난 5년간 이주민이 급증했으니 게스트하우스의 수는 더 큰 폭으로 증가했을 겁니다.

게스트하우스 또한 창업의 한 종류이기에 많은 사전 준비가 필요합니다. 또 철저히 준비했다 하더라도 막상 현실에 부딪치면 생각지 못한 일들이 튀어나오기 일쑤입니다. 그러나 대부분의 창업이 그렇듯 자신만의 차별화된 강점에 주인장의 열정이 더해진다면 충분히 살아남을 수 있다는 게 많은 이들을 인터뷰하면서 얻게 된 저의 결론입니다. 그 강점은 건물의 외관과 인테리어 등 외적인 요소가 될 수도, 특별한 조식 서비스나 해설이 함께하는 오름투어 등 차별화된 서비스가 될 수도 있습니다.

이 책에 소개된 열한 곳의 게스트하우스가 길게는 5년, 짧게는 1년이라는 시간 동안 하루가 멀다 하고 생겨나는, 더 깔끔하고 멋진 수많은 게스트하우스들 속에서도 지금까지 변치 않는 꾸준함을 유지하는 이유도 여기에 있을 것입니다.

물론 이들 주인장들도 직접 집을 짓고 나니(건축 문외한이지만 나 홀로 공부해 집을 지은 이들이 많다), 혹은 리모델링을 하고 나니 미처 생각지 못했던 미비점들이 끊임없이 눈에 보인다고 합니다. 보기에는 그럴 듯하지만 사용하기에는 불편한, 혹은 손님에겐 편하지만 관리하는 입장에서는 손이 많이 가는 그런 것들입니다.

제주도는 작지 않은 섬이기에 이 책에 소개된 게스트하우스 주인장들도 삶의 터전을 옮기려는 이들과 마찬가지로 대부분 3개월에서 1년여에 걸쳐 땅을 보러 다니고, 여러 가지 조건을 검토한 후에야 살 곳을 결정했습니다. 동서남북의 날씨가 확연히 다를 때가 많고, 제주시와 서귀포시의 기온도 1-3도 이상 차이가 납니다. 또 많은 이들의 로망인 바닷가 집은 살기에는 불편한 점이 적지 않지만 여행자를 맞는 게스트하우스 운영자에게는 최적의 위치이기도 합니다.

이 책에서는 제주로의 이주라는 쉽지 않은 결정을 하는 사람들, 그 시작으로 게스트하우스를 선택하는 사람들이 지역 선택부터 토지 혹은 집 구하기, 집 짓기 혹은 리모델링, 그리고 오픈 이후 안정적으로 운영하기까지의 전반적인 과정을 가능한 한 구체적으로 담으려 노력했습니다. 지면에 소개된 게스트하우스는 11곳이지만 도시에서의 집 한 채 값 정도로 제주에서 게스트하우스 운영을 시작하려는 이들에게 조금이라도 도움이 되고자 제가 검토한 도내 게스트하우스는 600여 개에 달합니다. 그 중에서 60여 곳을 직접 방문해 인터뷰했고, 최종적으로 열한 곳을 선별해 심층 인터뷰를 진행했습니다. 저 역시 2010년 제주로의 이주를 결심하면서 게스트하우스 운영을 진지하게 고민했었기에 비슷한 생각을 갖고 있는 이들의 고민에 좀 더 깊이 있게 다가가기 위해 노력했습니다.

제주를 사랑하는 많은 이들이 더 아름답고 멋진 제주에서의 삶을 디자인하는데 이 책이 조금이나마 도움이 될 수 있기를 바랍니다.

마지막으로 집필을 위해 적지 않은 시간을 내 인터뷰에 응해 주신 게스트하우스 주인장들, 게스트하우스의 구석구석 디테일을 예쁘게 담아 준 지원국 사진작가, 그리고 이 책이 빛을 볼 수 있도록 많은 지원과 노력을 아끼지 않으신 편집진에게 깊은 감사를 드립니다.

2016년 4월

제주 하예동에서
김지향

* 신축 게스트하우스의 경우 건축비는 취재 당시와 차이가 있을 수 있습니다. 2016년 현재 건축비는 리모델링은 평당 350만원, 신축은 평당 550만원 정도에서 시작하는 것으로 알려져 있습니다.

게스트하우스 기본 정보
오픈일 / 2014년 7월
위치 / 제주시 한림읍 금능5길 11
연락처 / 010-8878-5183
건물 구성 / 안거리(2인실 4개, 주방 1개,
공용 욕실 남녀 각 1개), 공용 카페
주차장 / 외부 2대

01
농가 주택 리모델링
추의작은집
게스트하우스
automnehouse.com

오래된 멋은 살리고 비용은 줄이다
'빈티지'로 재탄생한 구옥

"제주도를 선택한 건 농사를 짓고 싶어서였어요. 제주도는 1년에 이모작, 삼모작이 가능하니 여러 가지 작물을 시도해 볼 수 있잖아요?"

서른세 살의 싱글녀가 홀로 제주도에 터를 잡은 것만도 다소 놀라운데 그 이유가 농사를 하고 싶어서라니. 고향인 대구에서 농사를 지었던 것도 아니고, 또래의 다른 이들처럼 평범한 직장인이었기에 더욱 놀랍다.

제주 서쪽 금능해변에 위치한 '추의작은집' 주인장 추소영 씨는 2012년, 직장을 그만두고 2년간 틈만 나면 제주를 여행했다. 자주 발걸음을 하다 보니 여행에서 한발 더 나아가 제주로 이주한 사람들의 이야기가 궁금해졌고, 관련 책들을 찾아보면서 '나도 한번 살아 볼까?'라는 생각을 갖게 됐다. 첫 시작은 게스트하우스의 스태프 생활. 제주의 게스트하우스 스태프 시스템은 게스트하우스에서 무급 또는 유급으로 간단한 청소와 손님 응대를 도와주며 4일 근무, 3일 휴식하며 제주를 장기 여행하는 프로그램이다.

3개월이라는 짧은 기간이지만 제주에서의 삶을 경험해 볼 기회일 듯해 시작했다. 여행은 주로 동남부 지역에서 했기에 스태프 생활은 한번도 경험해 보지 못한 서쪽 지역을 택했다. 다행히도 소영 씨가 일했던 게스트하우스는 오픈한 이후 3년 동안 거쳐 간 스태프만 40명에 달할 정도로 스태프 프로그램이 활성화된 곳이었기에 다양한 사람들과 만나며 제주의 생활에 조금씩 다가갈 수 있었다.

내 형편에 맞는 집 구하기

'내가 살아갈 만한 곳이구나'라는 판단이 서자 소영 씨는 곧바로 거주할 집을 찾아 나섰다. 미혼인데다 가진 돈도 많지 않아 연세(1년 임대비를 선불로 지급하는 방식) 혹은 전셋집 위주로 알아보았다. 제주 지역의 대규모 이사철인 신구간新舊間이 지나면 매물이 흔치 않을 걸 감안해 집 구하기는 2013년 12월부터 시작했다. 하지만 원하는 매물을 찾는 것은 쉽지 않았다.

신구간이란 제주도에만 있는 독특한 이사 문화다. 대한 후 5일째부터 입춘 3일 전까지 7-8일간 이어지는 기간으로 대부분의 도민들이 이 기간에 이사를 한다. 제주도는 1만 8000 신들의 섬이라고도 불리는데, 신구간에 신들이 하늘로 올라가므로 이때 집을 이사하거나 수리하면 액운이 없다고 전해진다. 이유야 어떻든 신구간에 대규모 이사가 이뤄지므로 이 기간이 지나고 나면 임대 물건을 구하는 게 쉽지 않다.

임대의 경우 전세는 찾아보기 어렵고, 계약과 동시에 1년 집세를 한꺼번에 내는 사글세가 일반적이다. 연 단위 계약이라 '연세'라고도 하는데 대개 '신구간'이 만기이므로 운이 좋으면 돌아오는 신구간까지 몇 개월간 계약도 가능하다.

소영 씨가 원한 조건은 네 가지. 농사가 목적이었으므로 가장 중요한 첫 번째 조건은 텃밭이었다. 두 번째는 작업 공간을 위한 두 개의 건물을 갖춘 곳, 세 번째는 330-495㎡ (약 100-150평) 규모였고, 그리고 마지막으로는 집주인과 같이 거주하지 않는 곳이라야 했다. 제주도 전역을 살펴본 결과 혼자 거주하기에는 생활 편의 시설이 여러 모로 갖

농가 주택 리모델링
추의작은집 게스트하우스

취진 한림읍이 가장 마음에 들었다. 연세집은 몇 곳이 나왔지만 단독 공간이 아닌 주인이 함께 거주하는 곳이었고, 제주에서는 보편적이지 않은 전세는 매물이 거의 없었다.

집을 구하기 위해 한 달여를 보내는 동안 주변에서는 "제주도에는 전셋집이 많지 않고, 전세 얻을 비용이면 집을 구입하는 것도 가능하다."는 조언을 해 주었다. 임대를 하는 게 여의치 않자 소영 씨의 생각도 조금씩 움직였다. 구옥을 하나 구입해 볼까?

그동안 본 집들 중 동쪽의 하도리에 매물로 나온 구옥에 마음이 기울고 있던 때, 그래도 혹여나 하는 마음에 2주 정도만 더 기다려보기로 했다. 그렇게 인연을 맺게 된 집이 금능해변 앞 지금의 '추의작은집'이다. 집은 지어진 지 30여 년이나 되었기에 좀 오래됐지만 어차피 리모델링을 할 계획이니 크게 개의치 않았다. 그보다는 주거용 공간과 창고로 이루어진 두 채의 건물, 텃밭에 마당까지 아담하게 갖춰져 전체적인 집 구조가 마음에 들었다. 위치도 협재해수욕장과 가까운 금능해변이라 조금 더 외곽 지역에 속하는 월령리나 판포리에 비해 좋은 조건이었다.

낡은 벽장과 서까래 천장, 빈티지 느낌으로 살아나다

구옥 매입으로 가닥을 잡아가면서 소영 씨가 생각한 방안은 '제주에서 한달살기' 등을 하는 사람과의 셰어하우스였다. 그런데 막상 리모델링 견적을 받고 보니 생각보다 높은 금액이었다. 기존의 주거용 건물에는 방 3개와 욕실, 주방이 있었고, 제주도의 구옥이 대부분 그렇듯 마당에 외부 화장실도 있었다. 셰어하우스로 리모델링을 하려면 적어도 2개의 방과 공동 주방이 있어야 하고, 실내 욕실도 별도로 갖춰야 했다.

당초 예상한 비용은 3000-3500만원 선. 셰어하우스로 운영하면 누군가와 같은 공간을 이용해야 하니 생활하기에 불편하지 않겠느냐는 부모님의 의견이 나왔다. 창고를 거주 공간으로 이용하고, 주 건물은 민박집으로 운영하는 게 어떻겠냐는 것. 연세 혹은 전세를 알아보다 덜컥 집을 구입하게 됐으니 예상했던 금액을 이미 초과한 상황인데다 부모님의 지원도 받은지라 소영 씨는 그 의견에 따르기로 했다.

주 건물은 게스트하우스 용도로, 창고는 소영 씨의 주거 공간으로 리모델링하기로 하고, 다시 견적을 요청했다. 이번엔 7000만원이 훌쩍 넘었다. 예상 비용의 두 배에 달하는 금액이었다. 아버지가 건축업을 하고 있으니 설비, 전기, 인테리어, 욕실 등 항목별로 견적을 받아 직영으로 해 볼까도 생각했지만 리모델링 업체에 전적으로 맡기는 것과 비용 면에서 큰 차이가 나지 않았다.

결국 리모델링 전문 업체에 일임하기로 하고 비용 부담을 조금이라도 줄이기 위해 창고를 주거 공간으로 만드는 건 포기했다. 대신 주 건물에 소영 씨의 주거 공간을 함께 넣고, 게스트용 객실 3개, 남녀 욕실을 하나씩 들이기로 했다.

현관 쪽에 위치한 방 2개 중 오래된 벽장이 있는 방은 벽장을 그대로 살려 기존의 구조를 유지하고, 23.1㎡(8평) 규모의 큰 방 하나는 2개로 나누었다. 벽장이 있는 방과 나란히 붙어 있던 큼지막한 욕실은 남녀 별도로 2개의 욕실과 화장실을 들였다. 최대 정원이 소영 씨를 포함해 7명이므로 각각의 욕실에는 샤워기만 2개씩 설치했다.

리모델링 공사에 앞서 객실별로 욕실이 달린 구조 변경을 고려했는데 그렇게 하자니 비용이 만만치 않았을 뿐 아니라, 최대 객실 수도 3개밖에 나오지 않아 포기하게 됐다. 공사 도중 공간 계획이 수정되면서 공용 욕실의 위치에도 다소 변화가 생겨 여성용 욕실 천장이 많이 낮아졌다. 그로 인해 환기구를 설치할 공간이 없어 타일 변색 등은 지속적으로 손봐야 하는 문제가 됐다.

3개의 객실과 방 하나가 달린 주방 사이에는 여닫이문을 달아 주인장의 주거 공간과 분리했다. 하지만 이 공간 역시 1년 정도 게스트하우스를 운영한 뒤에는 게스트용으로 변경해 현재는 게스트들의 공용 주방으로 이용 중이다. 객실의 침실은 관리 편의성을 고려해 침대 대신 두툼한 매트리스를 깔아 1-3인까지 자유롭게 이용할 수 있도록 했다.

농가 주택 리모델링
추의작은집 게스트하우스

리모델링을 진행하면서 가장 신경 쓴 부분은 바닥 난방이다. 원래 쓰던 난방은 기름 보일러인데 비용 측면에서도 전기 패널이 저렴할 듯해 난방 구조를 전체적으로 변경했다.

비용 절감을 위해 창고는 전체적인 구조를 그대로 둔 채 내벽과 바닥 워싱 정도로 공사를 최소화했다. 천장의 서까래는 약간 짙은 색의 오일스텐을 입혀 고풍스런 느낌을 주었고, 공간 내부는 대부분 인테리어 요소였으므로 소영 씨가 직접 진행했다.

창고 리모델링에 소요된 비용이 300여 만원에 불과하니 대부분의 비용이 게스트동에 투자된 셈이다.

마지막으로 돌담 입구에는 제주 집의 상징성을 담기 위해 정주석을 세우고 정낭을 설치했다. 입구부터 마당까지는 현무암을 깔아 아담한 느낌을 연출했다.

눈에 띄지 않는 작은 간판

2014년 7월, 별다른 홍보 활동도 없이 '추의작은집'을 오픈했다. 조용히 문을 연 것도 그렇지만 내비게이션에 주소를 입력하고 찾아가도 '추의작은집'을 찾기는 쉽지 않다. 눈에 띄는 간판이 없기 때문이다. 시외버스 정류장에서도 350여 미터를 걸어 들어가야 하는데 주변의 집들이 대개 비슷비슷하게 생겼다.

"골목골목 찾아 들어와야 하니 뭔가 새로운 '발견'의 느낌을 주지 않을까요?"

미소 지으며 대답하는 소영 씨. 긍정의 의미를 담은 해석이지만 속내는 그렇지 않다. '추의작은집'이 금능해변 앞에 있으니 여름 성수기만 되면 민박집 간판을 내거는 할망 집이 많아 눈치를 볼 수밖에 없는 것. 새롭게 부상한 동부 지역과 달리 협재 금능해변은 오래도록 여름 휴가지로 사랑받아온 곳인지라 현지인들에게는 외지인의 숙박업소가 들어서는 게 늘 마뜩찮다. 사정이 그러니 큼지막하거나 눈에 띄는 간판을 내거는 건 처음부터 포기했다.

그럼에도 불구하고 시간이 지나면서 조금씩 손님이 늘기 시작했다. '추의작은집'을 시작하기 전까지는 SNS도 하지 않던 소영 씨인지라 오픈과 동시에 블로그와 페이스북을, 그것도 간헐적으로 포스팅을 하는 정도였으니 짧은 시간에 게스트하우스를 알리는 건 분명 쉽지 않은 일. 첫 한 달간은 손님들의 반응도 살필 겸 프로모션 기간으로 정해 가격을 낮춰 운영했다. 성수기 시즌에 오픈한 덕분인지 첫 달 25% 정도 객실이 찼고, 한번 찾은 손님들이 입소문을 내 준 덕에 예약 문의가 늘기 시작했다. 비교적 덜 알려져 있던 금능해변이 그해 우연하게 유명세를 타기 시작한 것도 상당한 도움이 됐다. 방문 손님들이 입소문을 내 준 건 아마도 감각적인 느낌으로 리모델링한 게스트하우스가 마음에 들어서가 아니었을까 싶다.

게스트하우스를 오픈한 지 이제 막 1년차에 접어든 '추의작은집'. 일손이 부족할 정도로 손님이 많아졌지만 소영 씨에게는 고민거리가 생겼다. 게스트와 함께 사용하는 공간이 불편해 자신의 주거 공간을 다른 곳으로 옮기고, 그동안 본인이 쓰던 방을 또 하나의 객실로 만들면서 게스트하우스에 올인하는 상황이 돼 버린 것.

농사를 위해 제주도를 선택했다가 계획에 없던 게스트하우스를 운영하게 된 건데 이제 주객이 전도된 상황이다. 꼼꼼한 성격 탓에 욕실과 객실 청소도 청소도우미 없이 손수 해결한다. 조식은 텃밭에서 키운 유기농 야채와 빵으로 브런치 스타일로 제공하니 크게 부담스러운 일은 아니다.

이제 또 다른 1년을 어떻게 살아 낼지가 고민이라는 소영 씨. 조그만 텃밭에서 벗어나 밭을 임대해 제대로 된 농사에 도전해 보고 싶은데 게스트하우스 운영과의 조율이 쉽지만은 않다. 운영 방식에 대한 고민이 필요한 시점이란다.

그러나 농사를 지어보겠다는 굳은 의지는 변함이 없는지라 빈티지 느낌의 게스트하우스로 자리매김한 '추의작은집'이 '젊은 이주 여성 농군의 아늑한 보금자리'로 바뀌게 될 날도 그리 멀지만은 않아 보인다.

농가 주택 리모델링
추의작은집 게스트하우스

Tip

📝 게스트하우스 주인장, 1년 지내 보니

생각지 않게 게스트하우스를 운영하게 돼 처음에는 손님들 모두에게 친절해야 한다는 부담감이 많았다. 특히 혼자 오는 여성 여행자들에게는 '뭐 더 필요한 건 없을까? 이런 정보가 필요하지 않을까.' 하는 생각에 과하게 친해지려고 노력하기도 했다. 그런데 어떤 사람은 대화를 원하기도, 어떤 사람은 그저 쉬는 걸 원하기도 한다. 1년 정도 지나고 보니 이제는 손님을 대할 때 어떤 걸 원하는지 감으로 알 수 있을 것 같다. 지나친 친절은 스스로에게도, 여행자에게도 스트레스가 된다.

Remodeling

리모델링 관련 정보

- ☑ **농가 주택 매입일** : 2014년 2월
- ☑ **농가 주택 매입 가격** : 약 1억 5000만원
- ☑ **매입 당시 주택 연한** : 30여년
- ☑ **대지 면적** : 519㎡(157평)
- ☑ **연 면적** : 안거리 66.11㎡(20평), 공용 카페 23.14㎡(7평)
- ☑ **매입 당시 건물 구조** : 안거리, 밖거리, 외부 화장실, 텃밭
- ☑ **리모델링 기간** : 2개월
- ☑ **리모델링 현황**

구분	리모델링 전	면적	리모델링 후
안거리	방 1개, 주방 1개, 욕실 1개	66.11㎡(20평)	객실 4개, 남녀 공용 욕실 각 1개
창고	이궁이가 있는 방 1개, 비워둔 공간(미사용)	23.14㎡(7평)	간단한 주방을 겸한 다이닝룸
외부 화장실	단독 건물 화장실	3.3㎡(1평)	철거 후 쉼터 공간
기타 공간	텃밭, 마당(시멘트)	330㎡(100평)	텃밭, 마당(현무암 자갈)

☑ **리모델링 비용 : 약 5000만원**

항목	비용(만원)
철거 공사	500
지붕 공사	300
창호 공사	1100
목공사	500
화장실 공사	850
수장 공사	450
설비 공사	870
가구 제작	130
공과잡비	200
공사 관리비	100
총 비용	5000

☑ **게스트하우스 운영용 가구, 전자제품, 집기, 소품 등 구입 비용 : 약 800만원**

☑ **리모델링 일지**

1단계 옥상 방수 공사, 외부 벽 및 창틀 정리

2단계 게스트동 내부 구조 변경(불필요한 벽 해체 및 공간 구분)

3단계 실내 전기 공사, 게스트동 조적(벽돌 쌓기) 및 창틀 교체

4단계 외부 마감 및 도배, 인테리어

5단계 다이닝룸 인테리어 및 마당 정리

Guest House

게스트하우스 둘러보기

돌담 외에 입구를 구분하는 정낭은 원래 없었는데 정주석을 구입해 입구 양쪽에 기둥을 세우고 2개의 정낭을 걸쳤다. 제주의 정낭은 보통 3개를 사용하는데 2개를 사용하기도 한다. 정낭이 더해지니 밋밋한 시멘트 바닥 진입로의 느낌도 달라졌다.

위 _ 리모델링 후
아래 _ 리모델링 전

객실에서 편안한 휴식을 취할 수 있도록 창문 크기를 1/3로 줄였다. 건물 아래 턱을 없애 마당과 곧바로 이어지게 하고 햇살 좋은 건물 옆 나무에는 해먹을 달았다.

현관과 거실 문 사이의 공간 오른쪽은 오래된 신발장을 없애 벽면으로 만들고, 왼쪽은 공간의 큰 변화 없이 화이트 페인트와 진한 바이올렛 컬러의 바닥 타일로 깔끔하게 정리했다. 다른 게스트하우스와 달리 현관에 디지털도어록을 설치해 주인장과 게스트의 편의성을 높였다.

위, 아래 왼쪽 _ 리모델링 후
아래 오른쪽 _ 리모델링 전

농가 주택 리모델링
추의작은집 게스트하우스

3 거실 　마름모 문양의 나무로 마감된 공동 거실 천장

수십여 년의 역사를 가진 고풍스런 전통 돌담집은 아니지만 집안 곳곳의 몇몇 흔적을 그대로 놔둬
색다른 분위기를 연출했다. 마름모 문양의 나무로 마감된 공동 거실 천장의 독특한 문양을 그대로
살렸다. 거실 천장에 은은한 빛의 조명 3개를 달아 원목 천장과 어우러지게 했다.

사진 _리모델링 후

위, 왼쪽 아래 _ 리모델링 후
오른쪽 아래 _ 리모델링 전

현관 벽을 2/3 이상 차지하고 있는 오래된 낡은 벽장. 딱히 쓸모 있는 구조물은 아니지만 낡은 느낌이 좋아 그대로 살렸다. 창문 크기를 약간 높이고 문틀만 교체한 객실이기에 구조적으로 크게 달라진 것은 없지만 밋밋한 벽으로 만들기보다는 벽장을 그대로 살려 '깔끔하면서도 오래된 공간'의 느낌을 주었다.

농가 주택 리모델링
추의작은집 게스트하우스

위 _ 리모델링 후
아래 _ 리모델링 전

5 욕실 좁은 공간이지만 게스트 필요에 맞춘 알찬 활용

널찍한 공간에 욕조와 좌변기만 설치되어 있던 욕실을 형태만 놔둔 채 전면적으로 손질했다. 공용 욕실임을 감안해 남녀로 구분하고, 작은 공간이지만 남녀 각각 세면대, 샤워기 2대, 화장실을 하나씩 들여 8-10명 정도의 게스트들이 이용하는 데 불편이 없도록 했다. 여성용 욕실은 천장이 낮아 환기구를 설치할 공간이 없어 타일 변색 등을 지속적으로 손봐야 하는 점은 다소 아쉽다.

위 _ 리모델링 전
아래 _ 리모델링 후

6 공용 카페 먼지 가득한 '창고'의 빈티지한 변신

문과 창틀 외에는 외부 손질을 전혀 가하지 않았다. 다이닝룸의 서까래는 밝은 갈색 나무에 진한 컬러의 오일스텐을 입혀 빈티지로 탈바꿈했다. 서까래 주변으로 시트지를 바르고, 공동 거실과 마찬가지로 은은한 조명을 설치했다. 바닥 코팅, 심플하게 제작한 목재 싱크 설비가 전부지만 손본 듯 안 본 듯한 인테리어가 시선을 끈다. 게스트동의 주방과 마찬가지로 싱크대는 최소한의 프레임만 갖췄고, 책꽂이로는 귤 저장 창고에서 얻어온 나무 귤 상자를 쌓았다. 폐가에서 뜯어온 창호지 문짝도 낡은 귤 상자와 잘 어우러진다. 게스트의 조식 테이블도 벽돌을 쌓아 나무 상판만 얹었다. 간단한 소품 몇 개만으로 '느낌 있는 공간'이 만들어졌다.

왼쪽 _ 리모델링 후
오른쪽 _ 리모델링 전

아래, 오른쪽 _ 리모델링 후

위, 왼쪽 _ 리모델링 후
오른쪽 _ 리모델링 전

7 주방 나무 상판과 수납용 서랍만으로 심플하게

칙칙한 느낌의 오래된 싱크대를 뜯어내고 나무 상판과 수납용 서랍만으로 심플하게 구성했다.
싱크대 윗부분은 간단한 용기를 올릴 수 있는 선반으로 마무리하고, 한쪽 끝에는 빌트인 스타일
로 세탁기를 넣었다. 타일로 마감한 싱크대 벽면과 달리 창문 쪽은 벽돌 느낌을 살려 포인트를
주었다.

왼쪽, 아래 _ 리모델링 후
오른쪽 _ 리모델링 전

Income measurement

운영기간 1년 반, 추의작은집의 월평균 객실점유율은 62.9%다. 첫해 7개월간 평균이 54.3%였던 것도 적지 않은 성과인데 2015년 들어서는 평균 71.7%에 달하는 높은 예약률을 기록했다. 2015년 6월 이전까지는 3개 객실, 이후부터 4개 객실로 운영되고 있다는 점을 감안해 이를 매출로 환산하면 월평균 약 561만원. 조식은 텃밭에서 기른 채소와 빵으로 토스트를 만들어 제공하니 원가가 많이 들지 않고, 전기요금과 수도요금, 생활비품 정도가 매월 고정적으로 들어가는 비용이다. 운영비를 월평균 100만원 정도로 감안한다면 추의작은집의 순수익은 약 460만원. 세탁과 청소 등을 직접 하니 시간 투자가 적지 않지만 도시 직장인과 비교해도 상당한 수익이라 할 수 있다.

  많지 않은 객실이지만 도미토리가 아닌 2인실로만 운영하면서 객실 단가를 높인 게 주요하게 작용한 듯하다.

추의작은집 2014. 6 ~ 2015. 12 객실점유율

〈단위 : %〉

	1월	2월	3월	4월	5월	6월	7월	8월	9월	10월	11월	12월	평균
2014년	–	–	–	–	–	30	60	80	60	70	30	50	54.3
2015년	40	30	50	70	80	80	100	100	90	90	70	60	71.7
평균	40	30	50	70	80	55	80	90	75	80	50	55	62.9

02

농가 주택 리모델링

레프트핸더 게스트하우스

lefthander.kr

게스트하우스 기본 정보

위치 / 제주시 구좌읍 상도북2길 17-12

연락처 / 010-4110-0943

건물 구성 / 안거리(4인 도미토리룸 3개, 화장실 2개, 샤워실 2개), 밖거리(4인 가족룸 1개, 커플룸 1개, 화장실 및 샤워실 1개), 공용 카페(주방 겸용), 스태프 사무동

주차장 / 외부 5대

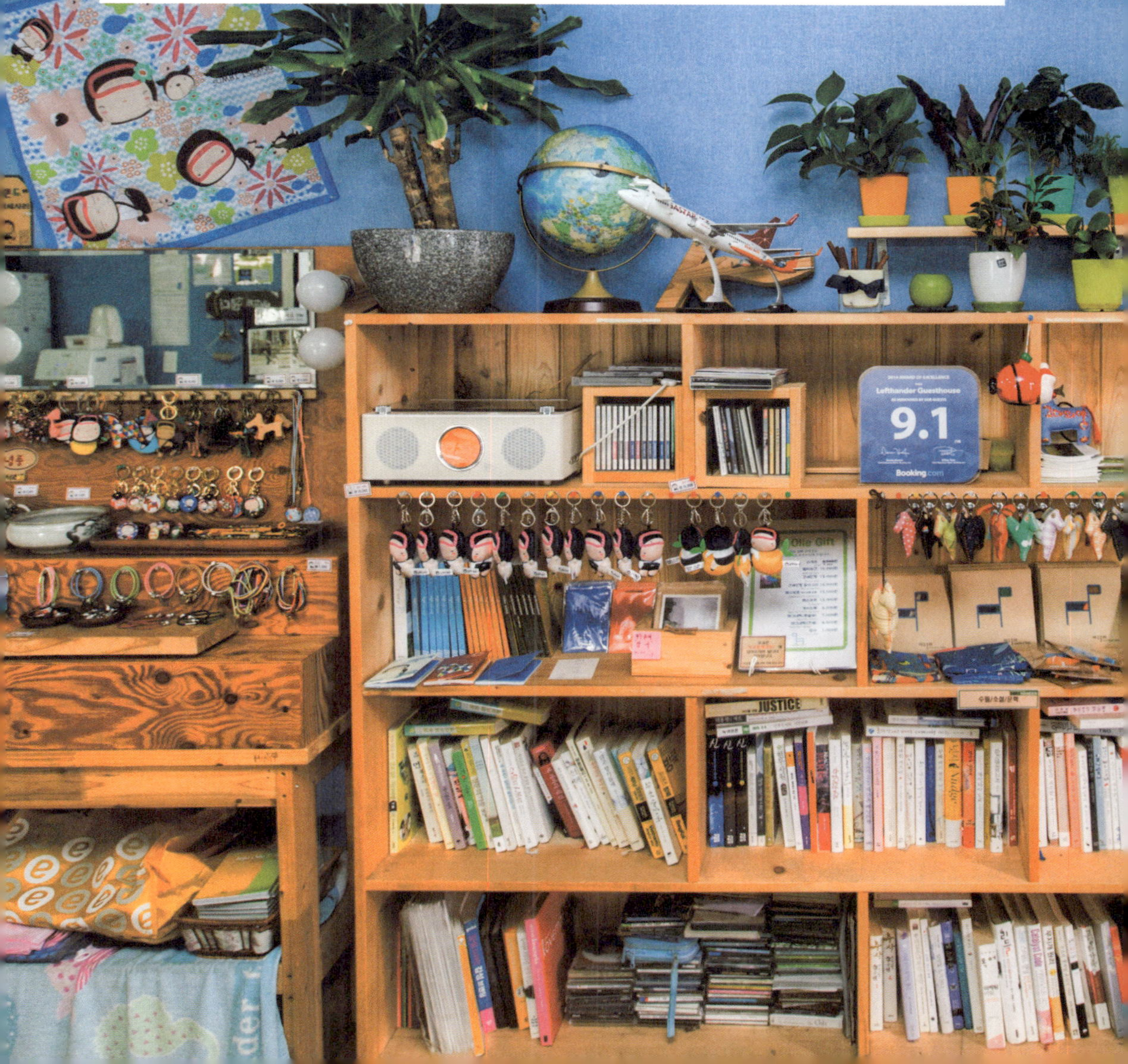

변치 않는 '진정성',
4년을 버틴 힘이 되다

5년 전, 서울의 대기업 화장품 회사 마케터로서 갓 마흔에 접어들었던 '레프트핸더' 주인장 류기현 씨. 그가 제주도민이 된 건 2011년 9월이다. 그보다 먼저 초등학교 교사인 아내가 여섯 살 딸아이와 함께 서귀포시에 터를 잡았다. 갑상선암 수술 직후 아픈 몸과 마음을 치유하기 위해 '제주올레'를 찾았던 아내가 제주로 향하는 발길이 잦아지더니 급기야 제주에서 1년 정도 살아 보고 싶다고 해 연세로 얻은 집이었다. 사실 부부가 렌트카를 이용해 제주를 여행한 횟수만도 이미 10여 차례 이상에 달했는데, 아내는 무슨 이유에서인지 제주올레에 푹 빠지기 시작했다. 올레길을 한번도 걸어본 적 없던 기현씨는 아내가 쉽게 이해되지 않았다.

아내가 제주로 내려가고 5개월 후인 2011년 6월, 짧은 휴가차 기현 씨도 제주로 향했다. 그때 아내는 '올레길부터 돌아보라'고 권했다. 잠자리도 올레길 주변의 게스트하우스에서 묵어 보라는 것. 1코스부터 시작해서 몇 개의 코스를 돌자 신기하게도 새로운

워너비하우스
in 제주

기운이 솟구치기 시작했다.

'내가 지금까지 알던 제주가 다가 아니었구나.'

결국 그의 입에서 "제주도에서 새로운 삶을 시작해 볼까?"라는 말이 나왔다. 한창 일할 나이인 마흔에 직장을 그만두어야 했지만 아내가 제주 지역 학교로 전근할 수 있다는 말에 큰 고민 없이 사직서를 제출했다.

퇴사를 2개월 정도 남겨 두었을 때, 그는 '제주도에서 게스트하우스를 해야겠다!'라는 결론을 얻었다. 제주에 게스트하우스가 막 생기기 시작하던 시점이었고, 유럽 여행을 갔을 때도 자주 게스트하우스에서 묵어봤기에 그리 어려운 결정은 아니었다. 그리고 9월 14일, 그는 제주행 비행기에 몸을 실었다.

땅 구하기, 집짓기보다 먼저 제주를 알자

제주도에 도착하자마자 기현 씨는 게스트하우스를 지을 토지를 알아보기 시작했다. 몇 개월 뒤면 서귀포 집의 연세 계약이 끝나니 게스트하우스를 완공해 가족과 함께 지낼 요량이었다.

그런데 아내가 만류했다.

"뭐가 그렇게 급해? 천천히 쉬면서 아직 못 간 올레길부터 돌아봐."

그렇게 시작된 제주 여행이 그해 12월까지 이어졌다. 19코스까지 올레길을 모두 돌아본 후에는 올레길에서 만났던 오름에 매료돼 다른 오름들을 찾아다니기 시작했다.

"다녀 보니까 전망 좋은 오름들은 구좌읍에 많이 몰려 있더군요. 당시 올레길의 마지막 코스이던 19코스가 김녕에서 끝났는데, 오픈 예정인 20코스의 '해녀박물관'이 일종의 랜드마크가 될 거란 생각이 불현듯 들더군요."

그런 생각을 하며 해녀박물관 주변을 돌아보니 은행, 마트 등 편의시설이 괜찮았고, 토지 구입과 관련해 그동안 0순위로 꼽았던 서귀포와 달리 가격도 저렴했다.

그렇게 해녀박물관 주변을 염두에 두었더니 관련 정보를 찾기도 훨씬 수월해졌다. 마

농가 주택 리모델링
레프트핸더 게스트하우스

침 12월이라 제주 지역의 대규모 이사철인 신구간을 앞두고 주택 매물이 대거 쏟아져 나오고 있었다. 하지만 해녀박물관 주변을 꼼꼼히 돌아본 후 내린 결론은 땅을 살 필요가 없다는 것이었다. 신축 건물보다는 농가 주택을 리모델링하는 게 마을 분위기에 더 어울린다는 판단 때문이었다.

그렇게 범위를 좁혀가며 매물을 찾아 나선 지 1개월여 만에 만난 농가 주택이 지금의 '레프트핸더'다. 첫눈에 마음에 들어 두번 생각할 필요도 없이 그 자리에서 계약서에 서명했다. 다시 한 번 느끼지만, 발품을 팔아 얻은 경험이야말로 그 무엇과도 바꿀 수 없는 성공 요인이라고 기현 씨는 생각한다.

기현 씨가 구입한 농가 주택은 안거리, 우사, 밖거리가 'ㄷ'자형으로 배치된 제주 전통 가옥의 형태를 띠고 있었다. 살림집인 안거리와 밖거리는 약간만 손을 보고, 우사는 '게스트들을 위한 휴게 공간'으로 만들면 되겠다는 그림이 자연스럽게 그려졌다.

80일간의 리모델링, 버려진 공간에 새 생명을

30년 된 낡은 농가가 '레프트핸더'로 재탄생하는 데는 2개월 반 정도가 소요됐다.

건축에는 문외한이던 기현 씨였기에 믿고 맡길 리모델링 업체를 선정해야 했는데 생각보다 쉽게 일이 풀렸다. 아내가 자원봉사 활동을 하던 (사)제주올레에서 또 다른 이주민이자 건축 전문가인 귀동아빠를 소개받게 된 것. 귀동아빠가 총괄 지휘하고 전주에서 초빙해 온 목수 3명과 보조 인력 2명이 기현 씨와 함께 밖거리에 체류하며 리모델링에 매달렸다.

객실로 사용할 안거리와 밖거리는 기둥 등 최소한의 골조만을 남겨 건물 외형을 그대로 살리는 대신 건물 내부를 완전히 해체했다. 제주의 오래된 농가 주택은 화장실이 외부에 있기 때문에 실내 화장실과 욕실을 갖추려면 최소한의 구조 변경은 필수다.

리모델링을 진행할 대상 건물은 안거리, 밖거리, 창고 2개 등 총 4개.

방 3개가 들어설 안거리와 방 2개짜리인 밖거리는 방의 형태만 살리고, 나머지 공간에는 화장실과 욕실을 들이기로 했다. 안거리의 방 3개에는 각각 2층 침대를 2개씩 넣은 4인실 도미토리로, 밖거리의 방 2개는 2층 침대를 넣은 4인 가족실과 더블침대의 커플룸으로 만든다는 계획.

기현 씨가 가장 공들인 공간인 공용 카페는 우사로 사용 중이었기에 전면적인 리모델링이 필요했다. 안락한 환경을 위해 천장과 내벽 단열을 갖추고, 울퉁불퉁한 바닥은 높이를 조절해 평평하게 한 후 창문도 만들었다. 우사와 밖거리 사이에 있던 $19.83m^2$ (5-6평) 내외의 작은 창고는 스태프 숙소로 리모델링했다.

건물뿐 아니라 외부 공간도 전면적인 손질이 필요한 상황. 마당에 있던 작은 텃밭은 게스트들의 자전거와 바이크 주차장으로, 쓸모없이 버려져 있던 밖거리 옆 땅은 폐자재와 자갈 등을 이용해 바닥을 높인 후 고객용 주차장으로 만들었다.

마지막으로 외부와 완전히 차단될 정도로 높았던 블록 담장도 아예 헐어 주차가 가능하도록 했으며, 시멘트 마당에는 현무암 자갈을 깔아 자연스러운 느낌을 살렸다.

리모델링 첫 달인 2월에는 지독한 추위로 며칠간 공사가 지체되기도 했지만 3월부터는 큰 변수 없이 작업이 진행됐다. 육지에서 날아온 목수와 작업자들이 아침 7시부터 저녁 6시까지 쉼 없이 일해 준 덕분이었다.

리모델링 후 농가 주택의 무허가 건물은 등기 필수

리모델링을 통해 게스트하우스를 운영하려면 건물 등기는 필수이다. 의외로 제주도의 구옥은 무허가 건물이 많은데, 밖거리 또는 창고가 무허가인 경우가 많다. 사업자등록을 하고 영업을 개시하려면 기존 무허가 건물에 대해서도 새로 등기를 해야 한다. 이때 건축사사무소의 설계서와 건물 연한에 대한 마을 이장님 서명이 필요하다. 이전 주인에게 물어봐도 건물 연한을 알 수 있지만 그럴 경우 보증인이 따로 있어야 하니 이장님께 물어보는 게 가장 빠른 방법. 건물 등기를 하게 되면 무허가 기간에 대해 이행강제

농가 주택 리모델링
레프트핸더 게스트하우스

금(일종의 벌금)을 내는데, 건물 연한이 오래될수록 그 금액이 낮아진다. 참고로 레프트
핸더는 연한이 30여 년 정도여서 약 300만원(설계비+이행강제금 포함) 정도만 납부했다.

게스트하우스 운영 결정 직후부터 인터넷 카페 통해 모든 과정 공개

리모델링 공사가 진행되는 동안, 기현 씨는 게스트하우스 홍보뿐 아니라 향후 운영
방향에 대해서도 신경을 썼다. 2011년 12월 초, 인터넷 카페를 개설해 그가 만들려는
'레프트핸더'의 뜻, 그동안 다닌 오름과 여행지, 게스트하우스 창업과 관련해 알게 된
경험과 노하우, 리모델링 진행 과정 등을 공개하며 미래 게스트들과 소통을 시작했다.

또 게스트하우스 오픈 이후 진행할 오름 투어를 염두에 두고 지질공원 해설사 양성
과정에 등록해 자격증을 취득하고, 오픈에 앞서 남녀 스태프도 각 1명씩 뽑았다.

하지만 오픈일인 4월 15일에도 리모델링이 완벽히 마무리되지 못했다. 객실 내부 공
사는 모두 완료돼 손님을 받을 수 있는 상태였지만 외부 페인트, 주차장, 마당 등에 대
한 정비가 남아 있었던 것.

기현 씨는 조금 천천히 가더라도 완벽을 기하기로 했다. 그래서 택한 게 공식 오픈에
앞선 일주일 무료 숙박체험 이벤트. 기현 씨도 게스트하우스 운영은 처음이기에 무료
숙박을 제공하면서 고객들에게 조언을 듣고 싶었다. 예상 외로 반응이 좋아 미처 신경
쓰지 못했던 세부 사항들에 대한 개선이 이뤄졌다. 밖거리와 공용 카페의 캐노피도 계
획에 없었는데 고객 조언을 듣고 설치한 것이다.

하지만 신생 게스트하우스이다 보니 인지도가 있을 리 없었다. 파워블로거를 활용하
라는 조언도 많았지만 실제 숙박도 하지 않은 사람에 의한 조작(?)된 인지도는 만들고
싶지 않았다. 그래서 택한 방법이 성수기 직전인 7월까지 3개월간의 포털 키워드 광고.
외부 업체에 맡기지 않고 월 비용을 50만원으로 한정해 직접 집행했다.

"광고 효과요? 솔직히 잘 모르겠네요. 성수기가 되면 이미 인지도가 있는 게스트하우
스에서 수용하지 못하는 손님들을 보내는 경우가 종종 있는데, 저희도 마찬가지였어요."

오픈 첫해 7월, 52.8%이던 객실점유율이 8월에는 81.7%까지 높아졌다. 50% 내외의 객실점유율을 예상했던 그해 평균 점유율이 53.8%에 달했으니 일단은 안심할 만한 성과였다.

인터넷 카페를 통해 진행하던 게스트하우스 창업 무료 상담도 꾸준히 한 덕분에 레프트핸더의 인지도를 높이는 데 많은 도움이 됐다.

그러나 4년여의 시간이 흐르면서 바로 옆에 더 좋은 시설의 게스트하우스들이 20여 개나 오픈했음에도 불구하고 지금까지 평균 64%의 객실점유율을 유지할 수 있는 비결은 아마도 그의 제주 사랑과 누구에게나 열린 오픈 마인드 덕분이 아닐까 싶다.

Remodeling

리모델링 관련 정보

- ☑ **농가 주택 매입일** : 2011년 12월
- ☑ **농가 주택 매입 가격** : 7400만원
- ☑ **매입 당시 주택 연한** : 30년
- ☑ **대지 면적** : 548.76㎡(166평)
- ☑ **연 면적** : 안거리 59.50㎡(18평), 밖거리 36.36㎡(11평), 공용 카페 46.28㎡(14평), 기타 16.52㎡(5평)
- ☑ **매입 당시 건물 구조** : 안거리 · 밖거리 · 창고 2개 등 건물 4동, 텃밭, 버려진 자투리 땅
- ☑ **리모델링 기간** : 2개월 반
- ☑ **리모델링 현황**

구분	리모델링 전	면적	리모델링 후
안거리	방 3개, 주방 1개	59.50㎡	4인 도미토리 3개
	화장실 / 욕실: 외부 1개		화장실 2개, 욕실 2개(공용)
밖거리	방 2개	36.36㎡	가족실 1개, 커플룸 1개
	화장실/욕실: 외부 1개		화장실 및 샤워실 1개(공용)
창고1	우사	46.28㎡	주방이 있는 공용 카페
창고2	창문 없는 블록 건물	16.52㎡	스태프 사무동, 바로 옆 빈 공간에 세탁실 신축
기타	안거리 왼쪽 텃밭		주차장
	밖거리 옆 버려진 땅		땅을 높인 후 주차장
	블록 담장		담장을 허물고 주차장 및 자전거 보관소
	시멘트 마당		현무암 자갈

☑ 리모델링 비용 : 약 6500만원

☑ 게스트하우스 운영용 가구, 전자제품, 집기, 소품 등 구입 비용 : 약 2000만원

☑ 리모델링 일지

1단계 내부 구조 해체(창문 · 창틀 및 불필요한 벽 해체), 창고1(공용 카페) 천장 단열

2단계 안거리 조적(벽돌 쌓기) 및 창틀 교체,

　　　해체 작업시 발생된 벽돌과 블록으로 밖거리 옆 버려진 땅 높이 조절

3단계 안거리 실내 단열, 창고1 바닥 높이 조절, 창고2(스태프 사무동) 창문 및 바닥 공사

4단계 안거리 내부 공사 및 도배 · 강화마루 설치, 창고2(스태프 사무동) 내외부 공사,

　　　창고1(공용 카페) 바닥 처리 및 전기공사, 천장 마감

5단계 건물 외부 공간 정비(주차장 옆 화단 조성, 자전거 및 바이크 보관소)

6단계 도배 및 내부 인테리어(카페 테이블 및 책장 제작), 마당 정비, 외부 페인팅

Guest House

게스트하우스 둘러보기

1 전경 담장은 허물고 마당은 관리 편한 현무암 자갈로

외부와 완전히 차단될 정도로 높았던 블록 담장을 허물어 누구나 쉽게 드나들 수 있는 개방형 공간으로 만들었다. 밋밋하던 시멘트 마당에는 현무암 자갈을 깔아 자연스러운 느낌을 살리고, 손님들이 쉴 수 있도록 테이블을 배치했다. 마당의 작은 텃밭은 게스트들의 자전거와 바이크 주차장으로 변신.

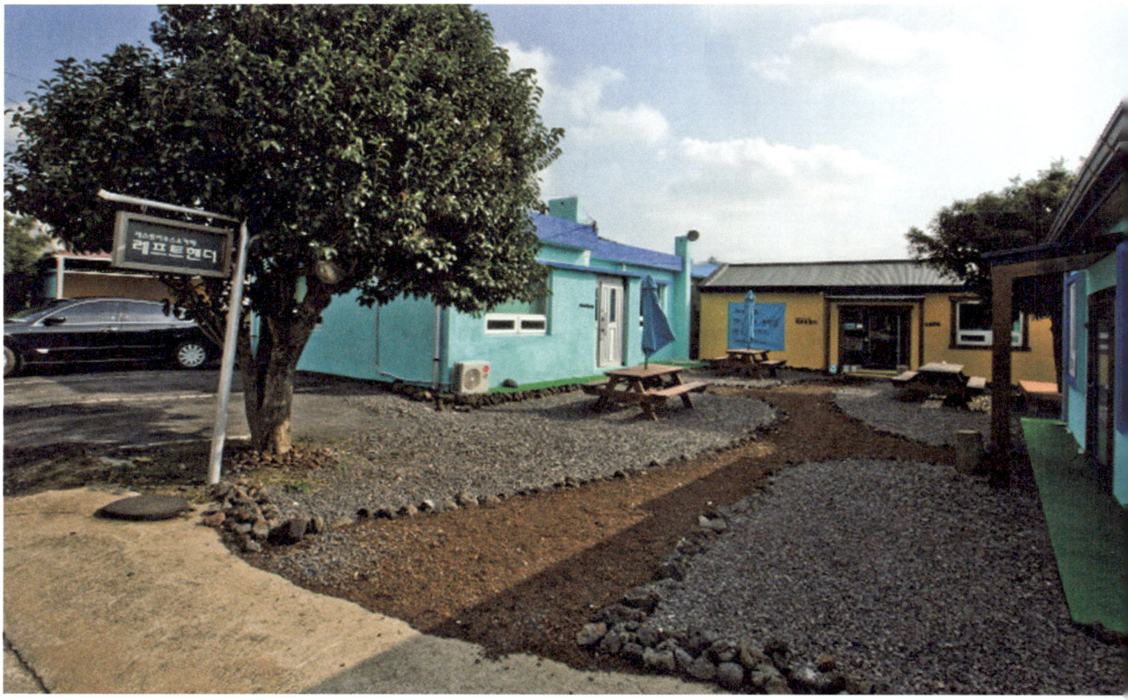

위_ 리모델링 후
아래 _ 리모델링 전

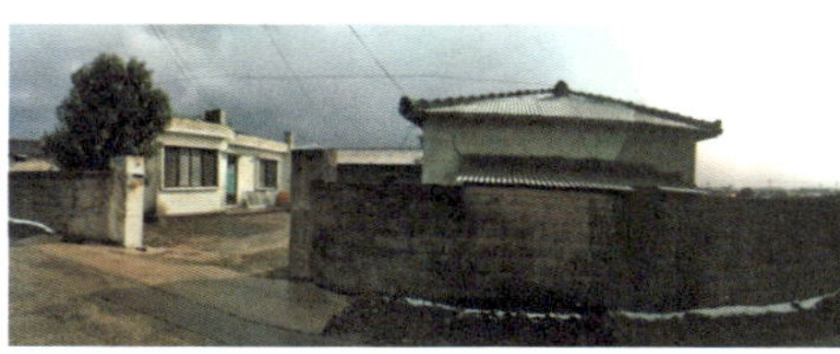

게스트동인 안거리와 밖거리는 게스트의 불편함을 감안해 창문의 크기를 줄이고, 현관도 전면 교체했다. 밖거리의 현관 캐노피는 오픈 초기 1주일 무료 숙박한 고객의 조언에 따라 마지막에 추가한 것. 우사로 쓰던 창고는 '열린 카페'를 위해 창문을 새로 내고 주방 설비를 들였다.

안거리 _ 리모델링 전

안거리 _ 리모델링 후

밖거리 _ 리모델링 전

밖거리 _ 리모델링 후

창고 1(우사) _ 리모델링 전

공용카페 _ 리모델링 후

모든 게스트가 편하게 어울리는 곳으로 만들기 위해 가장 많은 신경을 쓴 공간이다. 내부 장식보다는 편안함을 느끼도록 하는 데 중점을 두었다. 24시간 누구에게나 열려 있으니 원하는 요리도 만들어 먹을 수 있고, 가벼운 게스트 파티도 가능하다. 주방을 게스트에게 오픈하는 곳은 지금도 많지 않다. 그만큼 관리가 쉽지 않기 때문이다.

3 레프트핸더 그 어떤 편견도, 차별도 없는 열린 공간

'레프트핸더'라는 명칭에는 '누구에게나 열린 공간'이라는 의미가 담겨 있다. 리모델링 전 다녔던 여러 곳의 게스트하우스에서 '안 되는' 규칙을 너무 많이 봤다. '40대 이상 불가' 등 입실 연령을 제한하는 곳도 있었고, 아이들이나 반려동물은 대부분 받지 않았다. 하지만 '레프트핸더'에서는 아무런 제약이 없다. 전 세계 누구든, 아이들이든, 반려동물이든, 사회적 약자든 모두가 평등하게 이용하는 공간이다.

농가 주택 리모델링
레프트핸더 게스트하우스

4 게스트룸 개별 콘센트 등 도미토리 침대별 개인용 설비

지금은 일반화된 구조지만 도미토리 2층 침대마다 개별 전원 콘센트와 선반 설치, 개인 사물함 비치 등은 레프트핸더 오픈 당시만 해도 파격이었다. 벤치마킹을 위해 10일간 다녀온 태국의 게스트하우스에서 얻은 아이디어다.

Income measurement

레프트핸더 손익계산

4년 평균 레프트핸더의 객실점유율은 64%. 5개 객실, 최대 수용인원이 18명이니 100% 점유율을 가정한다면 1일 36만원, 1개월 1080만원의 매출 구조다. 64%의 점유율이라면 월평균 매출은 691만 2000원(2015년 현재).

습한 날씨로 인해 3-4년의 주기로 이뤄지는 객실 리모델링(도배 등)과 건물 수선 등에 소요되는 고정비를 제외하고도 매월 적지 않은 비용이 운영비로 들어간다.

레프트핸더의 경우 주인장의 대외 활동이 많아 스태프를을 3명 두고 있다. 무급이지만 게스트하우스에서 세 끼 식사를 모두 해결하고 외식도 자주 하는 등 가족처럼 지낸다.

운영비 또한 겨울철 난방, 전기, 가스, 수도, 인터넷, 정수기 대여, 차량 유류비, 게스트 무료 조식비 등이 고정적으로 지출된다. 고정비는 게스트하우스별로 다르겠지만 레프트핸더의 경우는 월평균 매출의 60% 정도를 차지한다.

레프트핸더 2012.7.–2014.12. 객실점유율

〈단위 : %〉

	1월	2월	3월	4월	5월	6월	7월	8월	9월	10월	11월	12월	평균
2012년	–	–	–	–	–	–	52.8	81.7	41.9	51.0	42.0	53.6	53.8
2013년	50.0	52.7	37.1	63.8	72.0	69.0	85.9	92.9	85.8	86.1	72.1	48.0	68.0
2014년	64.5	57.4	63.3	65.6	71.6	73.1	77.0	95.6	69.0	73.2	52.1	34.7	66.4
평균	57.3	55.1	50.2	64.7	71.8	71.1	71.9	90.1	65.6	70.1	55.4	45.4	64.0

* 2015년은 주인장이 객실점유율을 별도로 취합하지 않음.

아내의 캐릭터 사업 수익

취미로 하던 아내 천혜경 씨의 캐릭터 사업이 지금은 게스트하우스 수익을 능가하고 있다. 교사 외에 다른 일은 해 본 적 없는 혜경 씨인데 제주에 살면서 숨은 재능을 찾은 셈이다.

처음 1년간은 교사 생활과 병행하며 취미로 조금씩 만든 캐릭터(숨비) 인형과 액세서리를 서귀포시 이중섭거리 아트마켓에서 소규모로 판매했다. 예상 외로 반응이 좋아 1년여 만에 작은 점포를 내고, 지금은 아예 교사직을 그만두고 캐릭터 사업에만 매진하고 있다. 해녀박물관, 가시리 조랑말체험공원, 기념품숍인 제주시의 더아일랜더 등에 입점해 있으며, 올레 간세인형과 함께 그녀의 숨비 인형이 제주 전국체전 선수단 선물로 제공되기도 했다.

꼬마해녀 '숨비' 캐릭터

게스트하우스 기본 정보
오픈일 / 2012년 7월
위치 / 제주시 구좌읍 월정중길 51
연락처 / 010-2735-6623
건물 구성 / 안거리 게스트동(객실 4, 화장실 2, 주방 1),
별채 게스트동(객실 1, 화장실 1, 거실), 공용 카페
주차장 / 외부 2대

03
농가 주택 리모델링
여울목
게스트하우스
cafe.naver.com / ywgeha

게스트하우스,
'제주에서의 삶'을 위한 하나의 수단일 뿐

"월정리가 어디인지도 몰랐어요. 인터넷에 바닷가 근처 구옥이 매물로 나왔더라고요. 직접 가 보지도 않고 포털 지도로 로드뷰만 확인한 후 바로 구입했죠. 하하."

2012년 1월 20일, 제주 이주민이 된 후 2장의 음반을 낸 월정리 가수(?) '세이' 장병진(46) 씨는 제주도 집을 구하기 시작한 지 단 열흘 만에 '여울목'의 주인이 됐다. 당시만 해도 월정리는 에메랄드빛 바다가 예쁜 한적하고 조용한 제주의 작은 바닷가 마을이었고, 병진 씨가 구입한 구옥은 5년 동안 사람이 살지 않던 폐가였다.

병진 씨 가족이 제주도로 이주를 결정한 건 2011년 말. 맞벌이에 딸 하나를 두고 있었기에 우선 경찰공무원이던 병진 씨가 먼저 내려가 자리를 잡기로 했다. 곧바로 인터넷을 통해 매물을 찾아 나섰고 불과 열흘 만에 인연을 맺은 집이 '여울목'이다.

당시만 해도 월정리가 지금처럼 핫플레이스가 될 줄은 꿈에도 생각지 못했다. 아마 다른 바닷가 근처의 집이 매물로 나와 있었다면 그 집을 샀을 거라고. 아는 사람 하나

워너비하우스
in 제주

없는 낯선 곳이니 가족만 살기에는 너무 외롭지 않을까 하는 생각에 게스트하우스 운영을 고려하게 됐다.

제주로의 이주 결정은 트레킹 여행을 하다가 어느 순간 '먼 곳의 관광지'가 아니라 새로운 삶의 터전으로도 괜찮겠다는 생각이 들었기 때문이다. 2개의 올레길 코스를 걸은 게 제주 여행의 전부였지만 제주 마을과 속살을 대하고 보니 '이곳에서 살고 싶다.' 라는 생각이 들었다는 것. 지난 10여 년간 동남아, 남미 등 매년 한 번꼴로 여행해 봤지만 세계의 그 어느 곳보다 제주가 가장 살기 좋아 보였다.

대들보, 서까래 살려 돌집 원형 유지

구옥은 방 3개와 거실, 주방이 있는 안거리(주거 공간)와 빈 창고 2채가 마당을 중심으로 'ㄷ'자형으로 배치된 집이었다. 5년 동안 비어 있던 폐가이기에 효율성을 생각한다면 리모델링보다 신축이 나은 선택이었지만 57년 역사의 돌집을 그냥 버릴 수는 없었다. 돌집의 외벽과 대들보, 서까래 등의 원형만 제대로 복원해도 제주의 느낌이 고스란히 담긴 게스트하우스가 될 수 있을 터였다.

계약은 1월에 했는데 리모델링 공사는 2개월이 지난 4월에야 시작했다. 계약과 동시에 공사를 시작하고 싶었지만 사정이 여의치 않았기 때문이다. 대지와 건물의 소유주가 다르고, 등기부상 건물주가 사망인이라 상속인의 서류 처리가 선행돼야 했다. 그로 인해 한 달을 손도 대지 못한 채 흘려보내고 서둘러 4월부터 시작한 공사인데 그마저도 이틀 만에 중단됐다. 전기계량기가 철거된 지 오래였고, 수도는 끊겨 있었다. 수도는 밀린 요금을 내면 곧바로 복구되지만 전기는 일단 철거가 된 후에는 반드시 건물주의 신청이 있어야 한다. 등기 이전이 완료되지 않은 상태이니 건물주는 여전히 등기부상의 사망인. 결국 상속인을 독촉해 전기 복구 신청을 한 뒤에야 본격적으로 공사를 시작할 수 있었다.

계약시 매도자와 소유자가 상속 관계라는 것을 모르고 매입한 건 아니었지만, 건물을

농가 주택 리모델링
여울목 게스트하우스

구입할 때는 소유주와 매도자의 일치 여부, 이웃 경계 침범 등 관련 서류를 꼼꼼히 살펴야 한다.

그렇게 공사를 시작하고 얼마 지나지 않아 리모델링 계획에도 약간의 변동이 생겼다. 몇 개월 후에 합류하기로 한 가족이 리모델링과 동시에 이주하게 됐기 때문이다. 창고 하나를 개조해 병진 씨의 임시 거처를 마련하고, 오디오, 비디오, 서재, 댄스홀 등 도시에서는 꿈꾸기 어려웠던 다용도 공간으로 활용할 생각이었지만 상황이 달라진 것. 결국 다용도 공간은 포기하고 살림집으로 쓰기로 했다. 다른 창고는 게스트들의 공동 카페로 만들기로 했으니 게스트동은 당초 계획대로 객실 4개의 안거리뿐.

안거리는 방이 3개 있던 공간이라 대들보와 방의 구조는 그대로 유지한 채 일부만 손을 댔다. 주방을 허물어 객실 하나를 더 추가하고, 물부엌(제주도 구옥의 특징으로 간단한 빨래와 설거지 등을 할 수 있는 주방 보조 공간) 자리에 공용 화장실과 욕실 2개를 들였다.

살림집으로 쓸 창고는 내부 구조물이 전혀 없으니 외벽과 대들보만 유지한 채 난방 공사를 하고, 방 1개, 주방 1개, 화장실 1개의 구조로 만들었다. 가운데 창고는 공동 카페로 사용할 곳이니 내부 공간 구분이 필요치 않아 부실한 벽체 등만 보완하고, 내외벽 단열, 현관문과 창문 교체, 수도 시설 및 싱크대, 에어컨 설치 정도로 마무리했다. 전통적인 제주식 외부 화장실은 미관상 좋지 않으니 없애는 게 어떻겠냐는 리모델링 업체 측의 의견이 있었지만 돌집의 원형을 살린다는 차원에서 내외벽 등 오래된 부분만 수선해 야외 화장실로 이용하기로 했다.

도미토리 형태의 게스트하우스로 리모델링을 했지만 2층 침대는 놓지 못했다. 처음에는 4개 객실 중 2개의 객실에는 다른 게스트하우스처럼 2층 침대를 들일 계획이었는데, 삼각형 지붕이었던 구옥의 천장이 문제였다. 가장 높은 천장이 230cm, 낮은 곳은 불과 185cm 정도밖에 되지 않아 위층의 게스트는 앉아 있기조차 불편한 상황이 되어버렸다. 그렇다고 싱글 침대를 들이자니 방 크기가 너무 작았다. 어쩔 수 없는 선택으로 온돌방 도미토리를 운영하게 된 것이다. 하지만 지금은 온돌방 구조가 오히려 장점이 될 때가 많다. 아이가 있는 여행객이라면 한 객실에 최대 6인까지도 숙박할 수 있어 인원 조정이 수월해서다. 어쩔 수 없었던 선택이 유연성 있는 객실 운영을 가능하게 하고, 제주 시골집의 느낌까지 살리는 일석이조의 효과를 가져다주었다.

"손님이 없을 때는 혼자 온 여행객이 큰 방 하나를 쓸 수도 있어요. 또 한 방에 2-3명 정도의 1인 여행자들이 함께 머물면 이불을 깔고 자니 모르는 사람과도 가볍게 대화를 나눌 수 있죠. 철저히 사적인 공간을 원하는 여행자에겐 안 맞을 수 있지만 그렇지 않은 경우라면 오히려 좋은 느낌을 갖고 돌아가는 분들이 많아요. 예약을 하고 오시는 여행자들은 저희 집의 구조를 알고 오시기 때문에 크게 부담스러워하진 않아요."

병진 씨 가족이 거주했던 밖거리 별채는 살림집 구조라 펜션을 원하는 가족 또는 팀 단위 여행자에게 통째로 빌려주기에도 편하다.

게스트하우스 운영 첫 6개월 객실점유율 17% 불과

여울목을 리모델링하기까지 걸린 시간은 80여 일. 6월 말 가까스로 리모델링을 마치고 게스트하우스를 오픈했지만 당시만 해도 조용하던 월정리에 손님이 많을 리 없었다. 인터넷 카페를 개설해 집 구입부터 리모델링까지 그간의 과정을 올렸지만 활동을 시작한 지 얼마 되지 않으니 그 역시 시간이 필요한 일. 다행히 성수기를 앞둔 7월 초 오픈이라 주변에 예약이 꽉 찬 게스트하우스에서 일부 손님을 보내주었다. '여울목'의 게스트하우스 특성이 채 규정되기 전이니 침대가 아니라며 불편해하는 손님도 있었지만 아이와 함께 온 가족 여행객은 오히려 반가워했다. 펜션 등 대부분의 숙박업소가 어린아이를 받지 않아 가족 여행객이 마땅히 묵을 곳이 없었기 때문이다. 하지만 그것도 잠시. 9월까지 3개월여 50%를 상회하는 객실점유율을 유지하더니 10월 비수기로 접어들자 25%로 뚝 떨어졌고, 11월, 12월, 이듬해 1월까지 월평균 17%에 머물렀다. 3월이 돼서야 조금씩 회복세로 돌아서 30% 정도로 올라섰다. 객실 4개의 총 수용인원을 12명(1인 2만원)으로 감안하면 월 매출이 약 120만원 수준이었던 것. 6개월여를 같은 상태였다면

농가 주택 리모델링
여울목 게스트하우스

세 식구가 생활하기 쉽지 않은 상황이다.

"시골 생활이 아니었다면 생활 불가능한 수입이죠. 하하. 그래도 그 시간이 지나고 나니 조금씩 나아지더라고요."

여울목을 찾은 손님들이 '아이들이 묵어도 괜찮은 온돌방 게스트하우스'로 입소문을 내면서 게스트하우스 운영도 서서히 안정을 찾아가기 시작했다.

2년 여 후인 2014년 10월에는 '여울목' 바로 앞 땅에 새 건물도 지었다. 커플룸 3개가 자리한 여울목에서 도보 1분 거리의 3층 건물 '빌레못'이다. 신축 게스트하우스까지 추가로 오픈했다니 언뜻 보기에는 '여울목' 운영으로 수익을 남겨 확장한 게 아닐까 싶은데 얘기를 듣고 보니 사정이 좀 다르다. 3층짜리 건물에 객실은 커플룸 3개가 전부이고, 3층은 카페 겸 복층 객실, 1층은 주인장 가족의 거주 공간이다.

"게스트동과 같은 공간에서 거주하다 보니 사적인 영역과 공적인 영역의 구분이 없어지더라고요. 늘 손님을 신경 써야 하고, 우리 가족만의 삶이 보장받지 못하는 상황이 된 거죠. 신축 부지는 원래 장모님과 함께 살려고 마련한 건데 이왕 짓는 건물이니 층수를 높여 카페와 객실도 만드는 게 어떨까 해서 지금의 빌레못이 나오게 된 겁니다. 빌레못 1층으로 이사하기 전까지는 여울목의 별채에서 세 식구가 거주했으니 공간도 많이 좁았죠. 또 아이가 아직 어린데 손님이 수시로 드나드는 환경에 있다 보니 불편한 점도 있구요."

적은 자본으로 도시 생활을 접고 제주도에 정착한 게스트하우스가 대부분 그렇듯 병진 씨 부부도 자신들이 살 공간에 손님도 받아보겠다는 생각이었지만 실제로 운영해 보니 불편한 점이 한두 가지가 아니었다.

새로운 삶도 또다른 일상, '내려놓기'가 중요

'여울목'은 올해로 만 4년을 향해 가고 있다. 그런데 부부는 이제야 마음속으로 꿈꾸던 '제주에서의 삶'을 제대로 찾기 시작한 것 같다고 말한다.

"종종 '제주로 살러온 이유가 무엇이었지?'라는 생각을 해요. 때로는 '나 아파트 관리

소장 같아'라는 말이 입에서 절로 나와요. 하하. 여행자들이 볼 수 있는 게스트하우스 주인장은 대부분 청소 등 온갖 정리가 다 끝나고 좀 한가할 때예요. 겉보기에는 여유로운 듯하고, 제주도 바닷가 바로 앞에 살고 있으니 낭만적으로 보일 겁니다. 하지만 결국 제주에서의 삶도 또 다른 일상이더라고요. 어떻게 사느냐의 모습만 다를 뿐"

아내 주나(38) 씨는 요즘 '제주에서의 삶'을 어떻게 살 것인가에 대해 끊임없이 고민 중이다. 시간이 흐른 후 돌이켜보니 첫 1년 동안은 장기 여행자의 마음으로 살았던 것 같다고. 하지만 1년을 겪고 보니 도시에서의 삶과는 분명 달라야 하는 지점이 있고, '이곳이 내가 계속 살아갈 곳이구나.' 라는 걸 깨닫기 시작했다. 지난해 10월 오픈한 '김녕-월정 지질트레일' 해설사 과정을 이수해 틈틈이 지질트레일 해설을 나가는 것도 주나 씨가 '제주에서의 삶'을 채워 나가는 또 하나의 방식이다. 병진 씨도 월정리에서 자신만의 소박한 꿈을 이루고 있다. 그렇게 원하던 노래를 마음껏 부르고 2장의 음반까지 발매한 어엿한 가수다. 이뿐만 아니라 '빌레못'의 카페에서는 인도 짜이를 만들어 손님들을 대접한다.

부부는 제주에서의 삶에 대해 '내려놓기'가 중요하다고 강조한다. 게스트하우스 운영 자체는 어렵거나 힘든 일이 아니지만 도시에서의 삶과는 완전히 다른 만큼 '내려놓기'가 선행되지 않으면 제주에서의 삶도 피곤해질 수 있다는 것. 더불어 제주에서 새롭게 게스트하우스를 오픈하려는 이들에게 조언도 잊지 않는다.

"제주도의 게스트하우스는 이제 세계 박람회장이나 다름없어요. 상상할 수 있는 모든 형태가 구현돼 있죠. 트렌드를 좇아 차별화를 꾀할 수는 있지만 자신이 의도한 콘셉트와 손님이 받아들이는 콘셉트에는 간극이 있을 수 있어요. 결국 중요한 건 게스트하우스의 외형이 아니라 주인장의 진정성입니다. 자신이 잘 할 수 있는 포인트를 찾아 게스트하우스를 만들어 나가고, 거기에 진정성을 더해야 또 다른 생존의 터전에서 살아남을 수 있지 않을까요?"

농가 주택 리모델링
여울목 게스트하우스

Remodeling

리모델링 관련 정보

- ☑ **농가 주택 매입일** : 2012년 1월 20일
- ☑ **농가 주택 매입 가격** : 8000만원
- ☑ **매입 당시 주택 연한** : 57년
- ☑ **대지 면적** : 495.87㎡(150평)
- ☑ **연 면적** : 안거리 115.70㎡(35평), 밖거리 26.45㎡(8평), 공용 카페 23.01㎡(7평)
- ☑ **매입 당시 건물 구조** : 5년 동안 거주 안 한 폐가
- ☑ **리모델링 기간** : 2개월 반(4월~6월)
- ☑ **리모델링 현황**

구분	리모델링 전	면적	리모델링 후
안거리	방 3, 거실 1, 주방 1	115.70㎡	방 4, 거실 1, 공용 화장실
창고 1	빈 창고	26.45㎡	방 1, 화장실, 거실 겸 주방
창고 2	빈 창고	23.01㎡	공용 카페
물부엌			공용 화장실, 욕실 2
기타 공간(뒷마당)	정돈 안 된 마당		잔디식재 및 자갈 깔아 평탄작업, 야외 테이블 설치

☑ **리모델링 비용 : 약 6000만원**

항목	비용(만원)
구조 변경(철거 및 구조 변경)	244
창호 공사	457
목공사(외부 단열, 천정 마감 등)	335
지붕 공사(개량 지붕)	350
설비 공사(화장실, 난방 보일러 등)	270
욕실 공사	450
수장 공사(도배, 바닥재, 페인트)	333
전기 공사	350
기타(공사 중 폐기물 처리 및 입주 청소)	48
경비 및 잡비	85
이윤	425
총 비용	347

* 위 항목은 게스트하우스동 안거리 공사비만 산정한 것임.
밖거리(창고 개조) 공사비는 약 3000만원

☑ **게스트하우스 운영용 가구, 전자제품, 집기, 소품 등 구입 비용 : 약 1000만원**

☑ **리모델링 일지**

1단계 내부 구조 해체(창문 · 창틀 및 불필요한 벽 해체), 지붕 공사

2단계 안거리 조적(벽돌 쌓기) 및 창틀 교체, 리모델링 계획 변경(창고 2개 살림채와 카페로 각각 리모델링)

3단계 살림채 전기 및 수도, 천장 마감, 뒷마당 돌밭 평탄화, 안거리 거실 지붕 마감

4단계 현관문 설치 및 목공사 · 내부 인테리어 마감

Guest House

게스트하우스 둘러보기

1 전경 원형 그대로 보존한 제주 돌집

57년 된 구옥의 외형은 전혀 손대지 않았다. 마당의 시멘트 바닥은 그대로 두었지만 3채의 건물 안쪽으로 나무 데크를 덧대고 한가운데 간이 테이블을 두어 아늑함을 더했다. 밋밋하던 벽은 재능 많은 스태프들이 하나둘 벽화를 그려 지금과 같은 모습이 완성됐다. 게스트동 2채와 공용 카페의 건물 앞 곳곳에 놓인 아기자기한 아이템들은 안주인 주나 씨가 틈틈이 채웠다.

위, 아래 왼쪽 _ 리모델링 후
아래 오른쪽 _ 리모델링 전

워너비하우스
in 제주

2 안거리 거실 농가 주택의 포인트가 된 대들보

살림집이던 안거리와 창고를 리모델링한 공간인 별채(밖거리)의 노출된 대들보를 그대로 노출시켰다. 짙은 나무색의 대들보에 아무렇게나 칠한 듯한 화이트 톤의 페인트가 색다른 느낌을 더한다. 부수고 없애기보다는 원형을 살려 새롭게 바꾸니 오히려 포인트가 됐다.

위, 오른쪽 _ 리모델링 후
왼쪽 _ 리모델링 전

농가 주택 리모델링
어울목 게스트하우스

3 게스트룸 낯선 이와 함께라도 침대방과는 다른 포근함

낮은 천장으로 인해 2층 침대를 포기해야 했던 도미토리룸. 어쩔 수 없는 선택으로 온돌방 도미토리를 만들었는데 아이와 함께하는 가족 여행객들에게는 더없이 좋은 공간이 됐다. 행거와 손님 수에 맞춘 이부자리가 전부이지만 예약 상황에 따라 1인실이 되거나 6인실이 될 수도 있다. 낯선 이와 함께하는 잠자리지만 침대방과는 다른 포근함이 있다.

4 공용 카페 아기자기한 소품으로 여행지 느낌 물씬

거실과 마찬가지로 아무렇게나 칠한 듯한 화이트톤의 나무 서까래. 이국적인 느낌의 아기자기한 소품들과 조화가 안 될 듯한데 오래전부터 그곳에 있었던 것처럼 예스러움이 이국적 분위기에 잘 녹아들었다. 바다를 향해 나 있는 공용 카페의 창이 큼지막한 통창이 아닌 점은 다소 아쉽지만 안전을 고려한 선택이었다.

농가 주택 리모델링
여울목 게스트하우스

여울목의 외형은 조금씩 그 모습을 바꿔왔다. 밋밋하던 벽에 재능 많은 스태프들이 하나둘 벽화를 그려 지금과 같은 모습이 완성됐다. 게스트하우스 곳곳에 놓인 아기자기한 아이템들은 안주인인 주나 씨가 틈틈이 채운 것들. 하나하나 채우다 보니 지금과 같은 콘셉트가 만들어졌다고.

농가 주택 리모델링
여울목 게스트하우스

6 욕실 널찍한 물부엌이 남녀 공용 욕실로 탈바꿈

밭에서 일하고 돌아온 후 곧바로 들어가 간단히 씻고 빨래, 설거지 등을 할 수 있는 주방 옆 널찍한 공간인 물부엌이 깔끔한 남녀 별도의 공용 욕실로 탈바꿈했다. 은은한 나무향과 디퓨저가 어우러진 쾌적한 공간이다.

Income measurement

여울목 손익계산

오픈 첫해 여울목의 월 평균 객실점유율은 27.3%에 불과했다. 15명 최대 정원을 기준으로 환산하면 월평균 매출은 약 280만원. 2015년 요금이므로 2012년 요금을 기준으로 하면 이는 약간 더 내려간다.

첫해를 제외하고 2013년부터 3년간 평균 객실점유율은 54.8%. 여울목이 터를 잡은 이후 20-30대 여행객들에게 핫 플레이스로 급부상한 월정리해변을 중심으로 새롭게 오픈한 숙박업소(펜션, 독채 렌탈 포함)가 10여개에 달하지만 여울목은 4년째 50% 이상의 객실점유율을 유지하고 있다.

성수기와 비수기의 객실점유율 차이는 다른 게스트하우스에 비해 큰 편이다. 11월부터 2월까지 4개월간은 월 평균 27-30% 정도에 그치고 있다.

게스트하우스 운영은 주나 씨가 총괄하고 2-3명의 스태프와 함께 일한다. 스태프는 격일제 근무이고 숙식을 제공하니 별도로 들어가는 비용은 없다. 냉난방비, 전기요금, 수도요금, 토스트와 시리얼 등 게스트가 자율로 즐기도록 하는 조식 정도가 운영비의 전부다.

여울목 2012.7–2015.12 객실점유율

〈단위 : %〉

	1월	2월	3월	4월	5월	6월	7월	8월	9월	10월	11월	12월	평균
2012년	–	–	–	–	–	–	–	–	50	25	17	17	27.3
2013년	17	17	30	40	60	70	100	100	70	50	30	30	51.2
2014년	30	30	40	50	60	70	100	100	70	50	30	30	55
2015년	30	40	60	60	60	70	100	100	70	50	30	30	58.3
평균	25.6	29	43.3	50	60	70	100	100	65	43.8	26.8	26.8	54.8

04
농가 주택 리모델링
터무니하우스
www.서귀포독채펜션.kr

게스트하우스 기본 정보
오픈일 / 2015년 2월
위치 / 서귀포시 상예로 51-6
연락처 / 010-9289-0015
건물 구성 / 밖거리 게스트동(침실 1, 주방 겸 거실 1,
욕실 1), 안거리(주인장 거주 공간), 마당 텃밭
주차장 / 외부 3대

작품처럼 만든 집,
힐링농장과 결합하여 시너지 효과

오렌지빛 감귤밭에 하얀 눈이 내린 풍경. 제주에선 보기 어려운 장면이다. 눈이 내려도 1-2시간이면 모두 녹아 버리니 중산간 이외 지역에서는 이런 풍경을 보는 게 쉽지 않다.

감귤밭과 돌담으로 둘러싸인 조용한 마을 한가운데 위치한 '터무니하우스'가 눈처럼 새하얗게 단장한 이유다. 노랗게 익어가는 감귤밭 속 '흰 눈이 소복이 내린 집', 주인장이 꿈꾸던 모습이다.

중문관광단지에서 서쪽으로 차로 10여 분쯤, 터무니하우스는 그리 크지 않은 마을인 상예동 한가운데 위치해 있다. 지대는 약간 높지만 키 큰 나무들과 감귤밭에 둘러싸여 바다는 보이지 않고 그저 하늘만 시원하게 열려 있다.

숙박 시설이 전혀 없을 것 같은 마을길을 따라 조금씩 들어가면 돌담에 그려진 태극기, 원색의 듬성듬성한 컬러, 꽃 그림 등이 길안내라도 하듯 손님을 맞는다.

입구의 '힐링농장 터무니하우스' 팻말로 봐서는 체험 농장인가 싶은데 밖거리 한 채를 통째로 빌려주는 체험을 겸한 렌트하우스다.

차별화하지 않으면 살아남기 어렵다!

터무니하우스의 주인장 류필화 씨는 제주에서 나고 자란 사람이다. 하지만 대학 졸업 후 고향으로 돌아오기까지는 20년 이상이 걸렸다. 그가 기억하는 어릴 적 제주는 지금처럼 감귤 주산지가 아니라 보리, 콩, 감자, 고구마, 조 등 먹고살기 위해 온갖 잡곡 농사를 하던 척박한 섬이었다. 터무니하우스는 그가 선택한 곳이 아니라 어릴 적 부모님과 함께 살던 집이다.

2012년, 서울 생활을 접고 제주에 와서 처음에는 감귤 과수원을 주로 관리했다. 집에 딸린 600여 평의 과수원이다. 1년 후, 아내와 함께 살 집으로 안거리를 리모델링하고, 다시 1년 후에는 고정 고객 확보 등 농장이 안정화되자 비어 있던 밖거리를 렌트하우스 용으로 리모델링했다.

당초 계획했던 건 렌트하우스가 아니라 도미토리였다. 게스트하우스 운영은 처음인 터라 벤치마킹을 겸해 유명한 몇 곳의 게스트하우스를 찾아가 주인장들에게 조언을 청했다. 그 결과, '감귤 농장이 함께 있으니 원두막을 지어 특색을 살려 보는 건 어떨까요?', '텐트하우스 공간을 함께 만들어 보면 어떨까요?'라는 등의 몇 가지 아이디어를 얻었다. 그러나 많은 아이디어에도 불구하고 핵심은 하나였다. 웬만큼 차별화하지 않으면 살아남기 어렵다는 것.

감귤 농장이 함께 있으니 '현지인의 집에 머무르면서 편하게 쉬는 힐링 여행'을 콘셉트로 잡고, 리모델링 견적을 받아보기로 했다. 하지만 도미토리로 운영하기에는 공간이 너무 작았다. 밖거리의 전체 공간이 $49.59\,m^2$(15평)에 불과해 남녀 별도의 객실과 욕실을 2개씩 들이기는 어려운 상황. 여성 전용 도미토리만 운영해 볼까도 생각해 봤지만 처음 제주도를 찾는 여행자라면 다소 불편하게 느낄 수 있는 교통 여건 등을 고려해 단독 렌트하우스로 방향을 바꿨다. 객실이 하나뿐인데다 가족 또는 팀 단위 여행자라면

농가 주택 리모델링
터무니하우스

대중교통보다는 렌터카를 이용할 테니 찾기도 수월할 것이었다.

눈꽃 동굴 속에 들어왔나? 감성 자극하는 욕실

1년 전 리모델링을 마친 안거리는 주거가 목적이었기에 편리성에 주안점을 두었지만, 밖거리는 손님을 맞을 공간이므로 차별화를 위해 많은 고심을 했다. 세심한 부분에 신경을 쓰다 보니 안거리보다 5평이나 작은데도 리모델링 비용이 1000만원 더 많은 5000만원(집기, 가전제품 등 포함)이 소요됐다. 단독 공간이라 구조 자체는 특별하지 않다. 객실, 욕실, 주방 겸 거실이 전부.

정해진 공간 내에서 꾀한 변화이기에 침대와 욕실에 차별화 포인트를 두기로 했다. 그래서인지 몰라도 욕실은 문을 여는 순간, 느낌이 다르다. 동글동글한 눈송이가 매달린 듯한 천장, 약간 울퉁불퉁하지만 자연스러운 느낌의 내벽. 눈송이는 실리콘을 활용해 연출한 것이고, 벽은 타일을 붙였는데 원래 있던 벽을 평평히 다듬지 않고 그대로 시공함으로써 동굴 느낌을 살렸다. 그렇게 공을 들이다 보니 욕실 공사에 소요된 비용만 500만원이다. 전체 리모델링 비용의 10%에 달하는 금액이다.

욕실과 더불어 또 하나 차별화를 꾀한 부분은 객실의 2층 침대. 싱글 사이즈의 2층 침대를 들여놓은 줄 알았는데 가까이 가서 보니 더블 사이즈다. 게다가 1층은 침구류 수납공간으로 사용 중이다. 수납공간을 만들 자리가 마땅치 않아 1층 공간에 문을 달아 수납장으로 주문 제작한 것인데 아이와 함께 온 여행자들은 오히려 더 좋아한단다. 공간이 널찍한 데다 문을 열고 양쪽으로 오갈 수 있으니 아이들에게는 놀이터가 된다고. 더블침대를 2개 더 들여놓아도 충분할 정도로 객실 사이즈가 커 8인까지는 넉넉히 묵을 수 있다.

터무니하우스엔 숨겨진 비밀의 공간도 있다. 단열을 위해 기존 건물 벽 바깥으로 공간을 두고 벽 하나를 더 세운 것. 그래서 빈 공간까지 합하면 벽 두께는 무려 80cm나 된다. 이 비밀의 공간 덕분에 침대가 2층임에도 불구하고 전기요가 필요 없을 정도로 따뜻하다.

시멘트 바닥이던 마당에는 나무 데크와 잔디를 깔고, 한 켠에는 $49.59\,m^2$(약 15평) 규모의 작은 텃밭과 화로도 만들었다. 텃밭에서 주인장 부부가 가꾼 유기농 야채는 바비큐 파티를 원하는 손님상에 올라가고, 장작불 화로에는 큼지막한 솥단지가 비치돼 있어 닭백숙을 만들 수도 있다.

게스트하우스와 소규모 농장과의 결합

터무니하우스의 오픈일은 2015년 2월. 인지도가 거의 없고, 감귤 고정 고객 외에는 별다른 홍보도 하지 않아 만실이었던 7-8월 성수기를 제외하고는 한 달 평균 3팀 내외의 숙박 손님이 전부였다. 하지만 주인장 부부는 크게 걱정하지 않는다. 단 한 팀이라도 제주를 찾는 여행자가 힐링하고 돌아갈 수 있도록 하기 위해 객실을 만든 것이지 숙박이 주 목적은 아니기 때문이다. 집에 딸린 감귤 농장과 인근 지역에서 경작하는 규모를 합해 터무니하우스가 경작하는 농장은 $3305.79\,m^2$(1000평). 이 정도면 제주도에선 규모가 작은 편이라 '충분히 먹고살 수 있을까' 하는 걱정이 앞서지만 연 5회 정도 농약을 사용하는 저농약 감귤(100% 친환경을 하려면 토양이 변화되는 시간이 필요하다)을 직거래하므로 연간 감귤만으로 2500만원의 매출을 올린다. 농사에는 적정한 시간과 노력만 투자하면 되니 '제주에서 꿈꾸던 다른 일'을 할 수 있게 됐다.

친환경 농작물을 선정해 소규모로 직접 농사를 지으며 1-2개 정도의 객실을 운영하면 어렵지 않게 제주 생활을 할 수 있다는 게 필화 씨의 조언. 감귤은 손이 많이 가지 않는 작물이라 농사 초보도 비교적 쉽게 할 수 있고, 직거래 고객을 확보하면 꾸준히 수익을 창출할 수도 있다. 숙박 손님들과 체험 프로그램을 연계해 힐링 여행을 할 수 있도록 하면 이들이 입소문을 내 줘 또 다른 고객으로 연결된다.

"농사로만 먹고산다면 최소 3000평 정도는 해야 하는데 그렇게 하면 일도 힘들고 내 시간을 가질 여력이 없어요. 1000평 정도는 다른 일을 하면서도 충분히 할 수 있는 규모죠. 숙박시설은 '덤'이면서 동시에 내가 꿈꾸는 마을을 만들어 나가기 위한 토대이기도 해요."

필화 씨는 터무니하우스뿐 아니라 주변의 집들에도 약간씩 변화를 주어 색깔 있는 마을을 만들고 싶다. 오래도록 떠나 있던 고향에 정착하기로 했을 때부터 꿈꿔온 그림이라는 것.

"매일 농사만 하는 사람들은 자신이 사는 곳, 가진 것의 가치를 잘 몰라요. 수십 년 동안 오래도록 이 자리에 있던 집들과 돌담에 조금만 변화를 주면 터무니하우스뿐 아니라 우리 마을 자체가 관광 자원이 될 수 있어요. 궁극적으로 본다면 그게 농산물의 가치를 높이는 일이기도 하죠."

물천지정원마을(가칭). 물이 흐르는 곳의 아담한 정원이 있는 마을, 그가 마음속에 그리는 마을이다.

터무니하우스 손님들에게 별도의 체험비 없이 귤 체험 서비스를 제공하고, 직접 딴 귤을 가져갈 수 있도록 하는 것도 그런 이유에서다. 맛을 본 손님이라면 여행을 마친 후에도 꾸준히 귤을 주문하는 단골 고객이 될 수 있기 때문이다. 실제로도 그렇게 해서 단골 고객이 된 경우가 적지 않다.

자신이 나고 자란 곳이지만 오래도록 떠나 있었기에 지역에서는 그 역시 이주민과 크게 다를 바 없다. 지금은 터무니하우스 하나뿐이고, 연로한 어르신들이 많은 마을이지만 필화 씨가 이미 첫 단추를 꿰었으니 상예동이 '예술을 입힌 마을'이라는 타이틀을 다는 날도 그리 멀지 않아 보인다. '터에 무늬를 입히다'는 의미를 담았다는 터무니하우스처럼 말이다.

Remodeling

리모델링 관련 정보

- ☑ **농가 주택 매입일** : 부모님 소유
- ☑ **리모델링 당시 주택 연한** : 47년
- ☑ **대지 면적** : 115.7㎡(35평)/토지 면적 2314.05㎡(700평)
- ☑ **연 면적** : 안거리 66.12㎡(20평), 밖거리 49.59㎡(15평)
- ☑ **리모델링 당시 건물 구조** : 안거리, 밖거리, 창고 1, 기타 공간
- ☑ **리모델링 기간** : 3개월(2014년 11월~2015년 1월)
- ☑ **리모델링 현황**

구분	리모델링 전	면적	리모델링 후
안거리	방 3, 거실 1, 주방 1, 외부 화장실	66.12㎡(20평)	방 2, 거실 1, 주방 1, 욕실 1
밖거리	방 1, 주방 겸 거실 1, 외부 화장실	49.59㎡(15평)	방 1, 주방 겸 거실 1, 욕실 1
창고	창고		창고(외부 페인팅)
기타 공간(뒷마당)	외부 화장실 및 작은 마당		

- ☑ **리모델링 비용** : 약 5200만원(게스트동)

항목	비용(만원)	항목	비용(만원)
철거 공사	310	전등 및 기구	207
비계 설치	147	상하수 설비 공사	184
철근 콘크리트 공사	344	오배수 설비 공사	374
철골 공사	330	벽체 공사	552
창호 및 현관 공사	324	천공 공사	315
판넬 및 지붕 공사	572	바닥 공사	105
조적 공사	269	난방(보일러) 공사	132
페인트	200	벽지	141
전기 배관	245	캐노피 및 파라핏 마감	275
총 비용		5126	

- ☑ **리모델링 일지**

1단계 철거 및 기초 공사
2단계 게스트동 내부 구조 변경
3단계 실내 전기 및 상하수 설비 공사
4단계 외벽 및 현관 공사
5단계 욕실, 내부 인테리어 및 외부 마감

Guest House

1 전경 감귤 밭을 덮은 흰 눈?

직사각형 모양의 터무니하우스 밖거리 별채에 흰 페인트만 칠했다면 어땠을까? 깔끔하긴 하지만 왠지 수용소 느낌? 그래서 더한 푸른 페인트. 하늘과 맞닿는 부분을 밝은 파란색으로 들쭉날쭉 마감해 경쾌한 느낌이 더해졌다. 마을 올레를 지나 손님을 터무니하우스로 안내하는 돌담의 태극기와 그림은 2002년 월드컵의 환희와 기쁨이 지금도 늘 가득한 곳이라는 의미에서 주인장이 직접 그려 넣었다.

위 왼쪽 _ 게스트동 리모델링 전
아래 _ 게스트동 리모델링 후

농가 주택 리모델링
터무니하우스

2 게스트룸 내부

8명이 들어가도 넉넉할 듯한 객실. 2층 침대가 더블 사이즈다. 침대 1층은 침실이 아닌 침구류 수납공간이다. 수납공간이 마땅치 않아 고민 끝에 낸 아이디어인데, 널찍한 공간의 문을 열고 양쪽으로 오갈 수 있어 아이들에겐 숨바꼭질 놀이터가 된다.

무려 80cm의 두터운 이중벽은 웬만한 게스트하우스에서는 찾기 어려운 터무니하우스만의 독특한 비밀 공간. 단열을 위해 덧댄 벽 덕분에 한겨울 강풍도 걱정 없다.

아래 _ 리모델링 후
오른쪽 위 _ 리모델링 전

Florence Life
Love is what make you smile
when you're tired

3 욕실 가장 편안한 공간이 된 눈꽃 동굴

내벽의 마감재는 일반적인 타일인데 느낌이 다르다. 내벽을 평평하게 고치지 않은 채 타일을 덧바르고, 천장엔 눈꽃이 피어난 모습을 구현했다. 안에 들어가면 아이스크림이라도 한 입 베어 물고픈 충동이 절로 이는 눈꽃 동굴이다.

위 _ 리모델링 후
아래 _ 리모델링 전

4 감귤 농장 힐링농장서 '덤'으로 즐기는 감귤 체험

집에 딸린 감귤밭에서 원하면 언제라도 감귤 체험을 할 수 있다. 드는 비용도 없고, 직접 딴 귤(약 10kg)은 그냥 가져가도 된다. 맛을 보고 괜찮으면 주문도 하고 입소문도 내달라는 주인장의 전략(?)이다. 텃밭에서 유기농으로 키운 채소와 함께하는 바비큐파티, 커다란 솥에 진하게 끓인 닭백숙도 게스트에게 인기 만점.

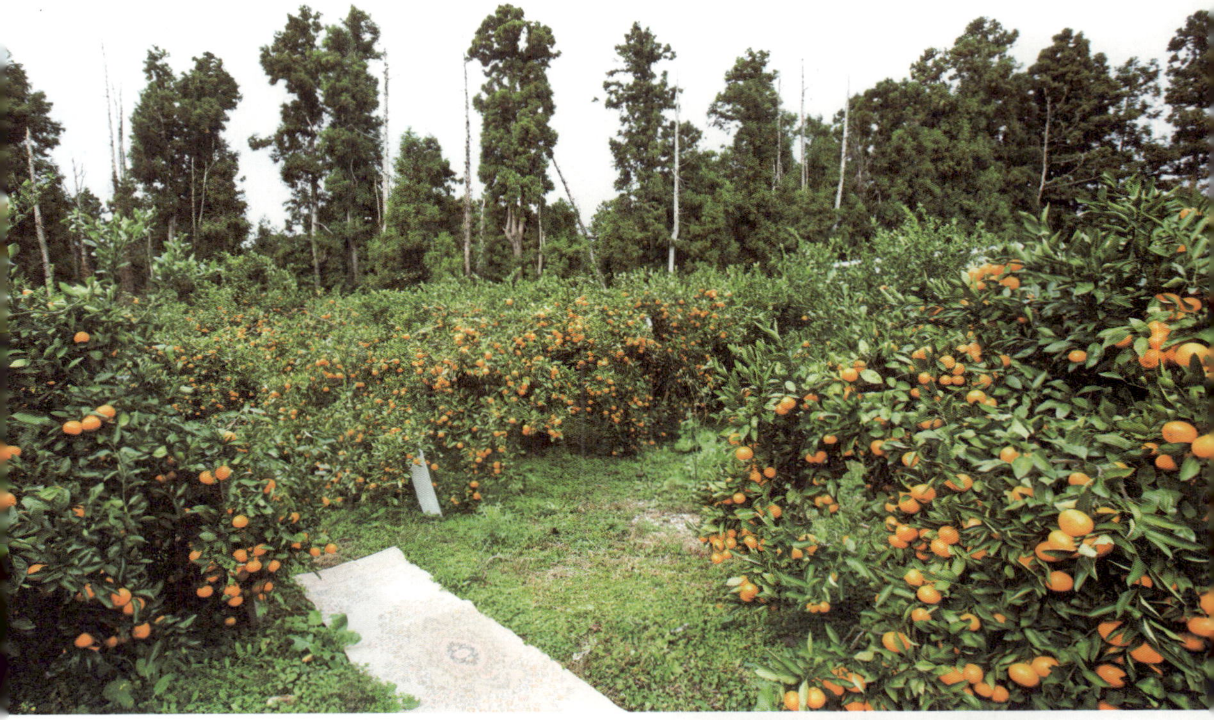

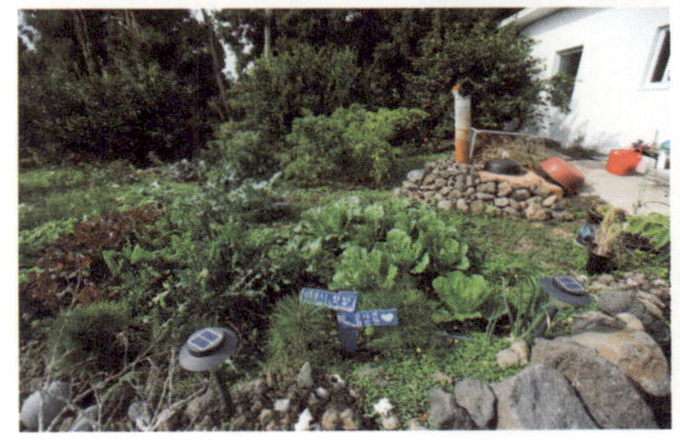

Income measurement

터무니하우스 손익계산

터무니하우스의 객실점유율은 첫해 평균 45%를 보였다. 오픈 첫 달부터 3개월 정도는 5-10% 내외로 미미한 수준이었으나 7-8월 여름 성수기를 거치며 예약률이 오르기 시작하다 9월에는 다시 50% 정도로 내려앉았지만 이후 60% 대의 안정적인 객실점유율을 유지하고 있다. 이용 요금이 4인 기준 1일 10만원이니 월평균 매출로 환산하면 최소 135만원 선이다.

감귤 직거래는 현재 확보한 고정 고객이 700여명, 연간 판매량(10kg)이 1000박스 정도로 금액으로는 약 2500만원이다.

최소 매출로 계산하면 숙박 손님과 감귤을 합해 연 4120만원 규모다. 직접 경비는 감귤과 관련해 농약과 택배비(택배 박스비를 포함해 박스당 6000원), 게스트하우스와 관련해 난방비와 전기료를 포함해 약 1000만원 정도다.

직접 경비를 제외하고 부부의 인건비를 포함한 순수익은 3100여 만원 정도. 텃밭을 가꾸고 장류를 직접 담그기에 식비가 차지하는 비중이 얼마 되지 않아 부부가 생활하는 데는 전혀 지장이 없는 수입이다.

터무니하우스 2015.2~2015.12 객실점유율 및 감귤 수익

〈단위 : %〉

	1월	2월	3월	4월	5월	6월	7월	8월	9월	10월	11월	12월	평균
객실점유율(%)	–	–	5	5	10	40	60	100	50	60	60	60	45
	감귤 판매									감귤 판매			
농장 수익	직거래로 고정 고객 700명 확보, 연간 1000박스 판매(10kg 1박스당 2만 5000원) = 2500만원 작업량 : 농약 5회, 제초 5-6회(여름), 전정 1회, 판매 시즌 택배 박스 작업												

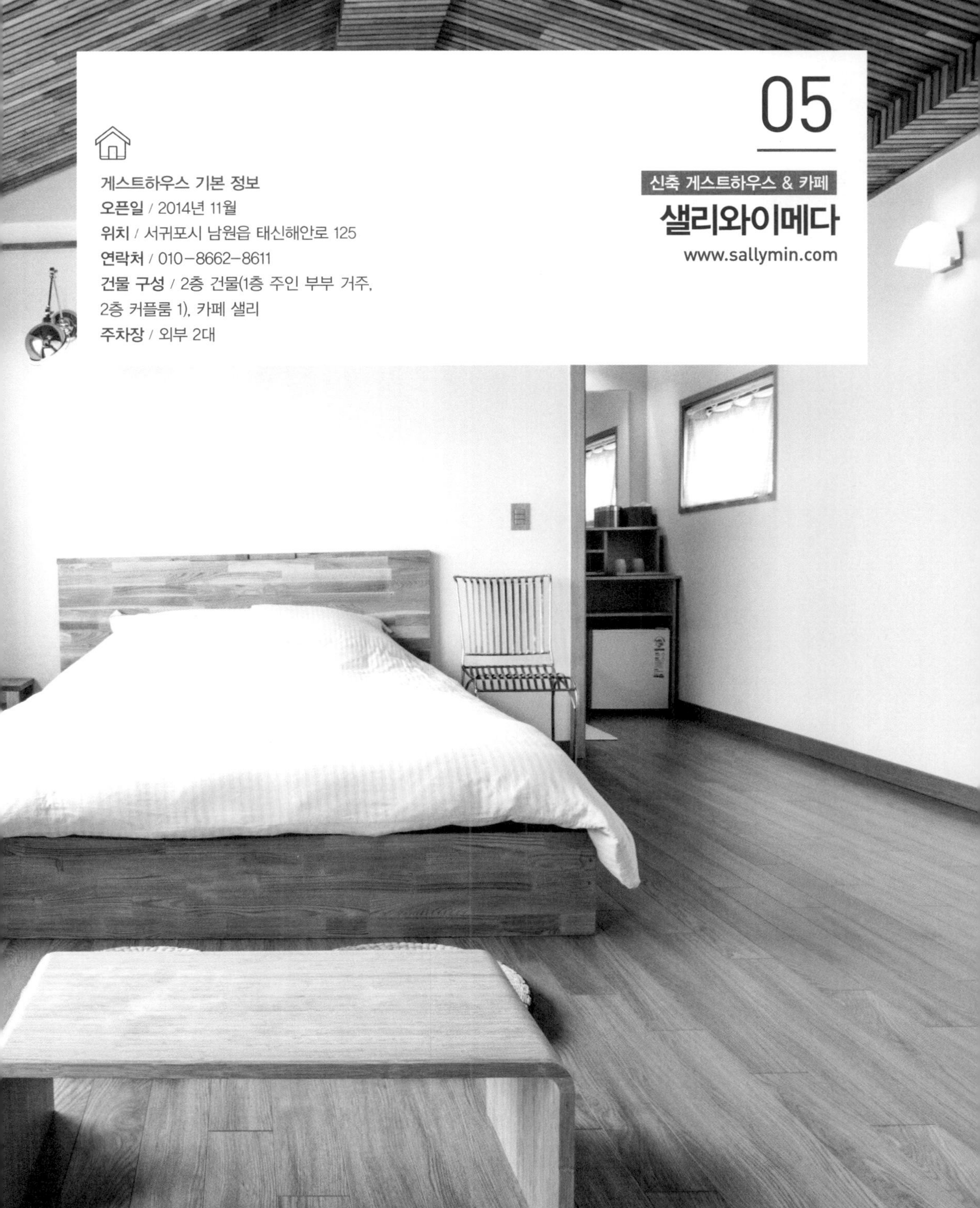
게스트하우스 기본 정보
오픈일 / 2014년 11월
위치 / 서귀포시 남원읍 태신해안로 125
연락처 / 010-8662-8611
건물 구성 / 2층 건물(1층 주인 부부 거주,
2층 커플룸 1), 카페 샐리
주차장 / 외부 2대

05

신축 게스트하우스 & 카페
샐리와이메다
www.sallymin.com

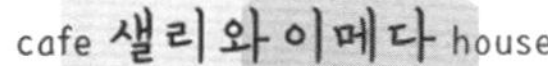

원하고 상상했던 것들이
현실이 되는 재미

바다에 인접한 게스트하우스&카페 '샐리와이메다'의 주인장들은 게스트하우스에서 만나 제주에서 신혼살림까지 차리게 된 젊은 커플이다.

'샐리'는 올해 서른한 살인 아내 이선민 씨, '이메다'는 2m나 되는 큰 키로 '이메다'라는 별명을 얻게 된 서른두 살의 남편 김동민 씨. 제주도가 좋아 '한번 살아 볼까?'란 생각으로 게스트하우스 스태프를 하다 만난 커플이다. 처음 만난 게 2012년 8월. 스태프 생활은 몇 개월에 불과했지만 그렇게 시작된 제주도에서의 삶은 두 사람이 터를 잡기 전 제주에 익숙해지는 시간이 됐다.

농구 선수 출신의 남편은 몇 개월의 스태프 생활을 거쳐 기간제 초등학교 체육교사로, 시각디자인을 전공한 아내 선민 씨는 중문에서 작은 점포를 얻어 공방카페를 1년간 운영했다. 공방카페는 별 성과 없이 문을 닫았지만 지금의 조개껍질 액세서리 및 제주를 테마로 한 소품 브랜드인 '바다보석'의 밑거름이 됐다.

　이들이 보금자리를 꾸민 샐리와이메다는 2차선 도로 하나를 사이에 두고 바다와 맞닿아 있다. 하나밖에 없는 2층의 커플 전용 객실에서 바다를 보며 아침을 맞을 수 있는 공간이다. 하지만 관광객들이 자주 찾을 만한 곳이 아닌 한적한 바닷가 마을이다. 표선 해수욕장이 가깝긴 하지만 차로 10분 정도 가야 하고 서쪽으로는 서귀포시까지, 동쪽으로는 성산일출봉까지 약 30분 정도 걸린다.

　젊은 커플이 이처럼 한적한 곳에 게스트하우스와 카페를 지은 이유는 뭘까?

결혼 자금으로 신혼집 짓기, 자금에 맞는 땅 찾으러 발품만 6개월

　1년여의 연애 끝에 서로가 '이 사람이다'라는 생각이 들자 두 사람은 신혼살림을 시작할 땅을 구하러 다녔다. 프로포즈도, 결혼 날짜도 아직 정하지 않았지만 '함께 좋아하는 것을 하며 살아 보자'는 마음이 이미 통했기에 둘만의 보금자리를 먼저 찾기 시작한 것이다.

　처음 마음에 둔 곳은 한림, 협재, 사계리 등 서쪽 바다 부근. 하지만 이들이 원한 지역은 이미 뜰 만큼 뜬(?) 곳이라 가격이 만만치 않았고, 숙박업소도 몰려 있어 원하는 땅을 구하기가 쉽지 않았다. 두 사람이 토지 구입에 쓸 수 있는 자금은 결혼 비용으로 마련한 1억원이 전부. 4-5개월 정도를 둘러봐도 원하는 땅이 나오지 않자 판포리, 법환동까지 범위를 넓혔지만 그곳의 사정도 별반 다르지 않았다. 결국 제주 북부인 신촌과 북촌에 이어 동쪽 지역으로도 시야를 넓히기로 했다.

　그러고 나서 만나게 된 땅이 지금의 샐리와이메다 부지이다. 214.87㎡(65평)의 작은 대지에 단층집 하나와 창고가 딸린 구옥이었다. 집이 있는 토지였으니 신축보다는 리모델링이 더 낫다고 생각했다. 그런데 실측을 하고 보니 단층집이 이웃 땅을 약간 침범한 상태였다. 골치 아픈 문제가 생긴 것이다. 침범한 땅 문제를 해결하고, 허가까지 받으려면 그만큼의 시간이 더 걸리니 아예 구옥을 허물고 신축을 하기로 결정했다. 철거의 경우 직접 하게 되면 상당한 비용이 드는데 마침 서귀포시에서 슬레이트 건물 무료 철거 서비스를 운영 중이라 500만원 정도 선에서 해결할 수 있었다.

가진 돈에 맞는 바다 근처 토지를 구하는 게 최우선 조건이었기에 처음부터 게스트하우스와 카페를 함께 운영하겠다는 구상은 하지 않았었다. 구입하게 될 토지의 성격에 따라 게스트하우스만 운영할 수도, 카페를 함께 운영할 수도 있겠다는 생각으로 유연성 있게 접근했다.

땅을 구하러 다니는 동안 건축 관련 서적도 구입하고 자료도 찾아보면서 원하는 건물을 스케치해 나갔다. 새로 지어진 집이나 마음에 드는 구옥을 보면 주인을 찾아가 조언을 듣기도 하고, 길을 지나다 멋지게 쌓은 돌담을 보면 석공(돌챙이)을 수소문해 연락처를 알아 두기도 했다. 인터넷을 검색하다 괜찮은 모델이 나오면 일일이 기록하는 것은 물론, 주택 관련 박람회도 많이 찾아다녔다.

작은 대지를 최대로 활용하겠다고 스케치북에 수십여 채의 집을 그린 끝에 최종적으로 지금의 샐리와이메다 디자인으로 결정했다. 건축법상 도로와의 간격, 바다 인근 건물의 기본 조건 등에 대해서는 건축허가를 맡긴 건축설계사무소의 조언을 얻었다. 하지만 건축은 설계만으로 끝나는 일이 아니다. 특히 제주도에서는 마음에 맞는 시공자를 찾지 못하면 원하는 일정에 준공하는 게 거의 불가능할 정도이다. 다행히도 동민 씨가 제주도에서 만난 지인은 건축 전문가였다. 경험도 쌓을 겸 그의 건축 현장에 나가 일을 함께 한 것만도 수차례. 다행히 그가 총괄감독직을 흔쾌히 맡아 주었고, 필요한 인력도 직접 섭외해 일요일도 쉬지 않고 집을 지었다. 덕분에 장맛비와 태풍으로 인해 며칠 쉰 것 외에는 별다른 차질 없이 5개월 만에 게스트하우스와 카페를 완공할 수 있었다.

세부적인 자재에 대해서까지 일일이 알 수는 없지만 열심히 찾아다니며 공부하다 보니 상상 속에 그린 집을 현실의 내 집으로 가질 수 있게 된 것이다. 지금도 조금씩 마음에 안 드는 부분들은 어떻게 바꿀까 늘 생각한다. 그러다 보면 더 완벽한 두 번째 보금자리를 갖게 되지 않을까?

단 하나의 객실, '내가 살고픈 공간' 커플 공간으로 꾸미다

부부가 지은 건물은 총 2채. 2층짜리 건물은 각 층마다 한 개의 객실을 갖춘 게스트하우스동으로, 바로 옆 단층 건물은 카페로 구상했다.

작은 대지 면적으로 건폐율과 용적률을 최대로 활용하다 보니 게스트하우스동 1층은 $49.58m^2$(15평), 테라스를 낸 2층은 $33.05m^2$(10평), 카페는 $49.58m^2$(15평)가 됐다.

게스트하우스동에서 가장 많은 신경을 쓴 부분은 2층 객실의 천장이다. 라왕각재로 삼각형의 지붕을 깔끔하게 감싸고, 서울의 조명 가게를 뒤져 찾아 낸 천장 스탠드로 마감했다. 기와는 국내에서 주로 사용하는 징크(Zink) 대신 튼튼하기로 소문난 강철기와로 선택했다. 게스트하우스와 마찬가지로 카페의 천장에도 포인트를 줬다. 목재는 낙엽송 합판을 사용했지만 제주도의 전통적인 창고에서 모티브를 가져와 서까래 형태로 만든 것. 제주도민들은 늘 봐 온 천장 구조이니 '카페를 왜 이렇게 만들었냐?'며 한마디씩 했지만 여행자들에겐 색다르다는 말을 자주 듣는다.

두 번째로 공을 많이 들인 공간은 2층 객실의 욕조. '둘만을 위한 공간'이라는 콘셉트를 살려 바다를 보며 목욕을 즐길 수 있도록 창가 쪽에 큼지막한 욕조를 배치했다. 게스트하우스에 욕조를 두는 경우는 거의 없는데 과감한 선택을 한 셈이다.

내부 마감의 경우, 게스트하우스는 석고보드를 댄 후 미장 페인트를, 카페는 별도의 추가 시공 없이 페인트로 정리했다. 객실과 카페 공간에 놓인 목재 인테리어는 친척에게 부탁한 것이다. 제주도는 육지로부터 가구 배송받기가 매우 힘든데 목재 가구 전문가가 친척이라니 운이 좋았던 셈이다. 카페 공간의 오래돼 보이는 테이블은 빈티지한 느낌을 주기 위해 선민 씨 할아버지의 손때가 묻은 가구를 육지에서 직접 가져왔다.

객실 하나지만 운영 6개월 만에 새롭게 세운 원칙 '1년에 3개월은 쉬자'

2015년 1월부터 공식적으로 손님을 받기 시작했으니 샐리와이메다의 운영 기간은 이제 갓 1년을 넘긴 상태다. 별다른 홍보를 하지 않아 첫 두 달 동안은 3-4팀 정도가 오는데 그쳤지만 3월부터 증가 추세를 보이기 시작하더니 7-8월 성수기에는 100% 예약률을 기록했다. 객실이 하나뿐이고 커플 이외 추가 인원은 받지 않아 비수기를 기준으로 하면 늘 100%가 된다 해도 게스트하우스에서 얻을 수 있는 매출은 400여 만원 정도에 불과하다.

반면 카페의 경우는 오가며 들르는 손님도 있어 초반부터 비교적 안정적인 매출 구조를 확보했다. 365일 운영하는 게스트하우스와 달리 카페는 매주 화·수 이틀을 휴무일로 정하고 있다. 최근에는 근처에 작은 집을 연세로 얻어 아내 선민 씨의 '바다보석' 작업실로 쓰고 있다. 바닷가에서 직접 주워 온 조개껍질로 만든, 세상에 하나밖에 없는 액세서리 제품인지라 제주도 내 12곳뿐 아니라 서울 2곳과 대구 1곳에도 입점돼 일이 많아진 탓이다.

초보 게스트하우스 주인장들이지만 부부는 이미 나름의 운영원칙을 새롭게 세웠다. 1년에 3개월 정도 게스트하우스 문을 닫고, 해외로 여행을 떠나는 등 둘만의 시간을 갖기로 한 것. 또 2015년 7, 8월 성수기 이후부터는 카페와 마찬가지로 게스트하우스에도 화·수 이틀 휴무일을 적용하기 시작했다. 하나밖에 없는 객실이지만 늘 손님이 들어올 수 있는 상황이라면 오전에 청소와 세탁 등을 해야 하고, 외출을 나갔다가도 체크인 시간에 맞춰 돌아와야 하니 끊임없이 일할 수밖에 없는 구조라는 게 그 이유다. 이렇듯 운영 반년 만에 나름의 노하우를 찾았다니 다른 이들에 비하면 조금 빠른 셈이다.

그래서일까? 제주도로 이주한 후 생애 처음 집을 지었던 건축주들이 대부분 '집 짓는 것만큼 힘든 일이 없다'며 고개를 절레절레 젓는 것과 달리 샐리와 이메다 커플은 "우리가 원하는 예쁜 집을 한번 더 지어보고 싶어요."라며 웃어 보인다. 원하고 상상했던 것들이 현실이 되니 생각보다 재미있다는 것.

몇 년 후 2세가 생기면 아이와 함께할 공간도 필요할 테니 샐리와이메다의 모습도 바뀔지 모르겠다. 하지만 '꿈을 현실로 만들어가는' 젊은 커플이 또 어떤 신선한 사고(?)를 칠지 계속 지켜보고 싶어진다.

📝 게스트하우스 주인장, 1년 지내 보니

스태프일 땐 재미있게만 보이던 게스트하우스, 주인장 되니 달라도 너무 달랐다. 3개월 정도 다른 게스트하우스에서 스태프 생활을 할 땐 막연하게 게스트하우스 운영이 재미있을 것 같다고 생각했다. '재미있고 행복하고 신나겠다' 뭐 그런 정도? 지금 생각하면 참 철이 없었던 것 같다.

샐리와이메다엔 객실이 하나밖에 없는데도 365일 운영을 하니 늘 신경이 곤두선다. 그러다 보니 카페의 주 2일 휴무일도 큰 의미가 없게 되어 버렸다.

또 객실과 같은 건물에 거주하다 보니 시간과 상관없이 손님이 무언가를 찾으면 늘 달려가게 된다. 작은 것들이 쌓이기 시작하면 스트레스가 된다. 1년에 3개월 휴업제를 운영해 보고 조금 더 시간이 지나면 공간을 분리해 출퇴근하는 구조로 만들고 싶다. 일하는 공간과 주거 공간이 따로 있어야 효율성도 높아질 것 같다. 제주에서의 삶, 무언가에 끌려가고 싶지는 않다.

New building

신축 관련 정보

- ☑ **부지 매입일** : 2014년 1월 31일
- ☑ **신축 비용** : 1억 7000만원(총 대출 1억원)
- ☑ **대지 면적** : 214.87㎡(65평)
- ☑ **연 면적** : 148.76㎡(45평)/게스트하우스(철근 콘크리트) 1층 49.58㎡(15평), 2층 33.05㎡(10평), 카페(벽돌조) 49.58㎡(15평)
- ☑ **건축 면적** : 99.17㎡(30평)
- ☑ **매입 당시 부지 현황** : 단층 구옥 1, 창고 1
- ☑ **공사 기간** : 5개월(2014년 6–10월)

항목	비용(만원)
기초 공사	1700
외장 공사	1200
단열 공사(바닥: 강화마루/게스트하우스)	500
지붕 공사(강철기와)	400
내장 공사	1000
계단 공사	200
욕실 공사	760
창호 공사	550
도어 공사	300
설비 공사	500
전기 공사	450
보일러 공사	200
도장 공사&방수 공사	–
데크 공사(천연 방부목)	200
인건비 및 장비대	6600
공구, 연장구입비	200
산재보험 및 기타	300
기존 주택 철거비	500
일반 관리비 및 기타	1440
총 비용	1억 7000

✔ **게스트하우스 운영용 가구, 전자제품, 집기, 소품 등 구입 비용 : 약 2000만원**

✔ **신축 일지**

1단계 측량 및 철거

2단계 기초 콘크리트 타설 공사

3단계 카페 조적 공사 및 게스트하우스 골조와 외벽 공사

4단계 지붕, 창호, 외장 공사

5단계 전기 설비 및 내장 타일 공사

6단계 가구 및 소품 제작

1 전경 작은 대지에 알차게 꾸민 공간

2차선 도로 하나를 사이에 두고 바다와 마주해 있다. 한적한 바닷가 마을에 외로이 서 있는 듯하지만 외벽에 바다색을 입혀 튀지 않고 주변과 잘 어우러진다. 그럼에도 불구하고 한번쯤 발길을 멈출 만큼 시선을 잡아끈다. 구입하게 될 토지의 성격에 따라 게스트하우스만 운영할 수도, 카페를 함께 운영할 수도 있겠다는 생각으로 유연성 있게 접근한 덕분에 214.87㎡(65평)의 작은 대지가 알찬 공간으로 변신했다.

2 객실 둘만의 바다 전망 커플 객실

2층 객실의 창을 큼지막하게 해 침대에 누워 바다가 한눈에 들어올 수 있도록 했다. 수입 타일로 시공한 욕실도 신경을 많이 쓴 공간이다. 탁 트인 바다를 보며 욕조에 몸을 누이면 여행의 피로가 싹 가실 것 같다. 복고 스타일의 레트로TV도 신혼집에 꾸미고 싶은 아이템을 그대로 객실에 넣었다.

높이 3.5m의 객실 천장. 확 트인 창문처럼 넓은 공간의 느낌을 주기 위해 오크무늬 하이새시로 깔끔하게 마무리하고, 천장의 등은 인터넷을 뒤져 찾아 낸 후 부산 국제시장을 샅샅이 뒤져 직접 구입해 달았다.

2 카페 제주 창고를 모티브로 한 카페

주방 크기를 뺀다 해도 33.05㎡(10평)나 되는 넓은 공
간인데 테이블은 단 2개뿐이다. 바다가 보이는 2곳의
창문 앞을 바 형태로 꾸미고, 중앙 공간에 10인용 테
이블과 6인용 테이블 2개를 배치한 것. 하지만 카페
에서 단연 눈에 띄는 인테리어는 천장이다. 제주도식
창고인 고팡의 서까래 스타일을 구현해 제주스러움
을 살렸다.

Income measurement

오픈 1년을 조금 넘긴 게스트하우스의 손익 계산을 하기엔 좀 이른 감이 있지만 샐리와이메다는 게스트하우스 오픈 전부터 프리마켓인 '벨롱장' 등을 통해 판매해 온 액세서리 브랜드 '바다보석'과 카페가 있어 비교적 안정적인 수익 구조를 갖춰 왔다.

3가지 아이템을 놓고 볼 때 초기부터 안정성을 확보해 준 부분은 카페이다. 오픈 첫 달 매출은 200만원에 불과했지만 꾸준한 증가세를 보이며 5월에는 460만원을 기록했다. 6월과 7월에도 더 많은 매출을 기대할 수 있었지만 남편 동민 씨가 사고로 15일간 입원하는 바람에 문을 열지 못했다. 2015년 10월부터 12월까지는 맥심 모카골드 측의 이벤트 카페 대여 요청을 받아들여 자체 영업은 하지 않았다.

2014년부터 꾸준히 해 온 아내의 액세서리 사업도 외부 입점이 12개로 확대되면서 조금씩 자리를 잡아가는 모습이다. 100% 수공예 제품이라 제작할 수 있는 양에 한계가 있지만 2015년 6월과 7월에는 액세서리 품목만으로 200만원 이상의 매출을 올렸다.

게스트하우스의 경우 조식과 난방비, 전기요금 정도 외에는 크게 들어가는 비용이 없어 두 사람의 인건비를 제외하고 90%를 수익으로 환산할 수 있지만 카페는 아직 초보이고, 메뉴도 다양하지 않아 수익률은 50% 정도. 2개 건물을 합쳐 운영비로 들어가는 금액은 월평균 약 50만원이다.

샐리와 이메다 2014.1–2015.12 게스트하우스 · 카페 · 액세서리 '바다보석' 매출

〈단위 | 카페 · 액세서리: 만원, 게스트하우스: %〉

	구분	1월	2월	3월	4월	5월	6월	7월	8월	9월	10월	11월	12월	평균
2014	카페/액세서리	30	30	40	70	80	150	200	200	100	70	50	240	105
	게스트하우스	40	50	200	300	300	330	430	430	300	300	300	300	273.3
2015	카페	200	280	310	380	460	300	200	400	450	카페 임대(+@)			331+@
	액세서리	40	40	50	70	100	200	250	400	300	200	150	100	158.3
	2015년 매출	280	370	560	750	860	830	880	1230	1050	500+@	450+@	400+@	680+@

* 액세서리의 경우 2014년부터 소량 판매 시작(10, 11월은 카페 오픈 준비로 액세서리 매출 일시 감소).
2015년 10~11월의 알파는 맥심 모카골드(3개월간 이벤트 매장 '모카다방' 운영) 측에 대한 카페 대여료

게스트하우스 기본 정보
오픈일 / 2014년 10월
위치 / 제주시 구좌읍 동복로 56-3
연락처 / 010-2757-8872
건물 구성 / 다락방 구조의 게스트하우스동(4인 도미토리 4개,
2인실 2개/공용욕실 및 화장실 남녀 각 1개), 주인 부부 거주
용 다락방 구조 단층 건물
주차장 / 외부 2대

06
신축 게스트하우스
연이네다락방
blog.naver.com/bloomingjeju

소녀 감성 물씬 '다락방 콘셉트', 여심 공략

아늑한 다락방 창틈으로 스며드는 햇살에 눈을 비비며 아침을 맞는 곳, 밤하늘의 별을 한가득 품은 채 스르륵 잠드는 곳.

4인실 도미토리 4개가 모두 다락방으로 꾸며진 연이네다락방은 홀로 제주를 찾는 여성 여행자들의 마음을 단번에 사로잡았다. 오픈한 지 1년여가 지난 지금 돌이켜 보면 주인장 부부의 예상대로 연이네다락방을 찾는 손님의 80%가 여성이다. 나홀로 여성 여행객이 머물기에는 다소 한적한 마을이지만 소녀 감성을 제대로 공략한 덕분에 재방문도 끊이지 않는다.

연이네다락방이 위치한 제주 동부의 동복리는 개발의 여파가 아직은 덜 미친 작은 시골 마을이다. 주변에 펜션이 몇 곳 있지만 게스트하우스는 단 2곳뿐. 공항에서 차로 40분밖에 걸리지 않아 제주 동부를 여행하려는 사람들이 자주 찾는다.

게스트하우스 앞 바다가 모래해변은 아니지만 '바릇잡이'(썰물 때 바다에 들어가 바위

틈과 모래 속에 숨어 있는 소라, 고둥, 낙지 등을 잡는 것)가 가능하고, 운이 좋으면 돌고래 떼의 군무도 볼 수 있다. 하지만 연이네다락방은 주인장 부부가 처음부터 원했던 위치도, 마음속에 그렸던 공간도 아니었다.

경사진 땅 특성 살려 재미있는 게스트하우스 완성

연이네다락방은 주인장 부부의 신혼집이기도 하다. 게스트하우스동 옆의 단층 주택이 부부의 주거 공간이다. 경기도에 살던 두 사람은 2년간의 연애 끝에 결혼을 앞두고 제주도를 정착지로 결정했다. 일단 도시가 아니라면 좋겠다는 생각이었는데 마침 제주도로의 이주 열풍이 불고 있어 두 사람도 자연스럽게 제주행을 택했다.

2013년 11월 신혼여행에서 돌아온 남편 이동욱(41) 씨는 곧바로 제주로 떠나 게스트하우스에 적합한 곳을 물색하기 시작했고, 한 달 뒤 아내 지연 씨(37)도 서울에서의 직장 생활을 정리하고 제주행 비행기에 몸을 실었다.

두 사람이 원했던 게스트하우스의 모습은 10명 내외의 손님을 받을 수 있는 '조용하고 소박한 공간'. 선호 지역 1순위는 서쪽의 애월읍과 한경면, 혹은 동쪽의 평대리(구좌읍) 등 3곳의 바닷가 마을이었고, 돌담이 예쁜 전통 가옥을 매입해 리모델링할 계획이었다.

하지만 부부가 원하는 구옥은 쉽게 나오지 않았다. 제주 지역의 대규모 이사철인 신구간을 앞두고 있었던 시기라 한껏 기대에 부풀었는데 제주 전통 가옥의 가격이 이미 너무 올라 버린 상태였던 것이다.

부부의 예상 비용은 구옥 매입비와 리모델링 비용을 합쳐 1억 5000-2억원 선이었다. 하지만 매물로 나온 구옥들은 작은 집 한 채가 1억원선, 10명 내외의 게스트를 받을 수 있는 규모가 1억 5000만원 정도였다. 마을 안쪽에 위치한 구옥이 그 정도였고, 바다에 인접한 매물들의 가격은 훨씬 더 높았다.

비용만 놓고 따져본다면 리모델링이나 신축이나 큰 차이가 없는 상황. 부부는 더 이상 리모델링을 고집하지 않기로 했다. 그때부터 토지로 눈을 돌려 적당한 땅을 찾아 나

신축 게스트하우스
연이네다락방

섰다. 동복리는 당초 염두에 둔 곳이 아니었는데 당장 건축이 가능한 토지가 매물로 나왔다기에 '한번 보기나 하자'라는 생각으로 찾았다. 그런데 땅을 본 순간, 한눈에 들어 다음날 바로 계약서에 서명했다. 시외버스 정류장에서 1분도 채 걸리지 않을 정도로 교통이 편리했고, 약간 경사진 땅이어서 동복리 마을의 오밀조밀한 지붕들이 스치듯 보이면서 그 너머로 에메랄드빛 제주 바다도 들어왔다.

성수기 시즌에 맞춰 8월 초 게스트하우스를 오픈할 계획이었기에 그 길로 제주시의 건축설계사무소를 찾아 설계를 의뢰했다. 부부가 짓고 싶었던 공간은 한껏 모던함을 자랑하는 집이었는데, 소박하고 잔잔한 마을인 동복리에는 그런 집이 어울리지 않았다. 생각을 바꿔 마을과도 조화를 이룰 수 있고, 약간 경사진 대지의 모양을 재미있게 살릴 수 있는 공간을 만들기로 했다. 콘크리트가 아닌 목조 주택을 선택한 이유 중 하나였다.

그러나 2개월 만에 손에 들어온 땅에는 예기치 못한 복병이 기다리고 있었다.

첫째는 토지의 일부가 방화 지구라 목조 주택 건축이 불가능했고, 두 번째는 주차장 진입로가 3m 정도로 좁았다. 건축이 가능한 대지를 매입했기에 지목 변경 없이 곧바로 신축하면 될 줄 알았는데 방화 지구가 걸림돌이 된 것이다. 그렇다고 철근 콘크리트 구조로 계획을 수정하자니 예산이 턱없이 부족했고, 공기 또한 맞추기 어려웠다. 지인을 통해 알아보고, 시 관계자에게도 수차례 민원을 넣은 결과 토지 일부만 방화 지구이므로 해당 부분만 제외하면 목조 건축이 가능하다는 답변을 얻어 냈다. 다만, 주차장 진입로는 건축법에 맞게 5m로 확장해야만 했다.

건축은 직영 방식을 택했기에 제주시의 건축사를 수소문해 시공까지 총괄감독이 가능한 담당자를 찾아 냈다. 하지만 처음부터 삐거덕. 관련 법규에 맞춰 설계도를 몇 차례 수정해 시의 건축 허가를 받다 보니 설계에만 이미 2개월이 소요됐는데, 시공 견적을 받아 보니 투명성이 떨어지고 자재 품질도 좋지 않았다. 제주도의 경우 건축주가 꼼꼼히 챙기지 않으면 낭패를 보는 사례가 많다는 얘기를 자주 들었던 터라 시간이 좀 걸리더라도 완공까지 신뢰할 수 있는 시공사가 필요했다. 몇 개의 시공사를 추천 받아 선 건축주들을 일일이 찾아가 평가를 들어보고 그중 평가가 좋은 업체를 새롭게 선정해 설계부터 다시 시작했다. 건축 과정도 순탄치 않아 구조물과 외벽 마감 시 세 차례 정도 담당자를 교체하는 일이 발생해 8월 초 완공 계획은 9월 말로 늦춰졌다.

도미토리지만 다락방 덕분에 인기 만점

건축 설계 당시 부부가 머릿속에 그린 다락방 콘셉트는 지금과는 조금 달랐다. 게스트들의 공동 휴게 공간인 거실을 다락방으로 만들어 책을 읽거나 뒹굴 수 있는 공간으로 만들고 싶었다. 건축 과정에서 내부 설계가 바뀐 건 현장감독의 끈질긴 설득 때문이었다. 그 결과 4개 도미토리가 모두 다락방 구조를 갖게 됐다. 그런데 그것이 오히려 더 나은 결과를 가져다주었다. 실제 게스트하우스를 오픈하고 보니 기대 이상으로 다락방 선호도가 높았던 것이다. 그래서 초기 몇 개월은 다락방을 1인용으로 사용했는데 워낙 인기가 좋아 싱글 침대 2개를 넣어 아예 트윈실로 바꿨다.

대지가 바다 쪽으로 약 15° 정도 기울어져 있는 땅의 느낌을 그대로 살리기 위해 계단을 넣어 객실 복도 공간으로 꾸몄다. 바다 방향으로 큼지막한 창을 내고 창 하단에 좁은 바를 만들어 놓으니 홀로 찾은 여행객들이 바다를 보며 조식을 즐기거나 그림을 그리는 자리가 됐다.

평평한 땅으로 메운 후 시공하는 것도 가능했지만 그보다는 땅의 특징을 살려 재미있는 공간으로 만들 수 있을까 고민한 결과였다.

남녀 각각의 공용 욕실과 샤워실, 화장실에서도 게스트에 대한 배려가 돋보인다. 성별로 2칸씩 배치한 세면 공간, 샤워실, 화장실이 각각 분리돼 있어 프라이버시가 침해될 수 있는 여지를 최대한 줄였다.

다락방에 한번 올라가면 다시 내려오고 싶지 않을 정도로 게스트들에게는 아늑한 공간이지만 건축주 입장에서는 못내 아쉬운 점이 몇 가지 있다.

목조 주택을 선택하면서 게스트하우스동의 옥상 테라스를 포기한 것과 4인 도미토리

신축 게스트하우스
연이네다락방

의 2층 침대가 수퍼싱글 사이즈로 커져 다락방으로 오르는 사다리의 계단 경사가 심해진 것이다. 목조 주택은 평평한 지붕을 구현할 수 없어 옥상 테라스를 꾸미고, 일광욕을 위한 썬베드를 갖추겠다는 계획은 현실화되지 못했다. 콘크리트 구조로 지을 경우 직영 신축이 어려워 30% 정도 비용이 더 든다는 문제도 있었지만 진입로가 좁아 철근을 실은 차량이 드나들기 어려웠던 것. 이 때문에 기초 공사 기간에는 마음씨 좋은 마을 이장님의 도움으로 옆집의 돌담을 임시로 허물어 5톤 트럭이 드나들 수 있었다.

꿈에 그리던 행복한 일상

성수기에는 100% 예약률을 기록할 정도로 안정 궤도에 올라선 게스트하우스지만 연이네다락방의 오픈 첫 달 객실점유율은 25%에 불과했다.

"첫 달 25% 정도면 만족스럽다고 생각해요. 최대 정원이 20명이니까 하루 12만 5000원, 한 달이면 375만원이잖아요? 도시에서야 그보다 더 많은 수입이 가능하지만 대신 이곳은 돈 쓸 일이 별로 없네요. 홍보도 거의 하지 않았는데 시작이 좋은 편이어서 '우리는 참 운이 좋구나'라고 생각해요."

남편 동욱 씨의 말을 듣고 보니 그리 나쁘지 않은 성적표다. 부부가 홍보 마케팅을 위해 별도로 들인 비용도 없다. 유일한 홍보 수단이 있다면 땅 구입 후 첫 삽을 뜨면서부터 시작한 블로그였다. 시간이 지나고 콘텐츠가 쌓여야 방문객이 증가하는 블로그의 특성을 감안한다면 오픈 당시 블로그 방문객이 많지 않았을 건 불을 보듯 뻔한 일이다.

그렇다고 해서 아무런 노력도 하지 않은 건 아니다. 유료 광고나 파워 링크 등은 내키지 않아 시도조차 하지 않았지만 블로그 방문자를 대상으로 한 후기 이벤트, 게스트하우스 이용객을 대상으로 한 평가 이벤트 등을 3-4차례 진행했다. 기대와 달리 이벤트의 성과는 제로.

오히려 이런 방법보다는 연이네다락방 주변의 여행 코스, 맛집, 가 볼만한 곳 등 여행 관련 콘텐츠를 꾸준히 올리면서 블로그 방문자수도 증가하기 시작했고, 더불어 방문 고객의 입소문이 가장 주효하게 작용했다.

　두 사람이 모든 객실을 책임져야 하니 무척이나 바쁠 듯한데 과연 두 사람은 기대만큼의 소박한 일상을 누리고 있을까?

　하루 일과는 생각보다 여유롭다. 조식은 게스트가 직접 만들어 먹는 셀프 토스트니 빵과 야채, 음료 등만 준비하므로 1시간 정도면 충분하고, 퇴실 후인 오전 10시경부터 2-3시간 정도 청소를 한다. 초기에는 둘이서만 하는 통에 좀처럼 시간이 나지 않았는데 지금은 청소를 도와주는 분이 있어 한결 나아졌다. 다른 게스트하우스처럼 스태프를 둘까도 검토했지만 오히려 더 불편만 가중된다고. 객실 하나를 스태프용으로 내주는 건 문제가 없으나 별다른 취사 시설이 없어 삼시세끼를 해결하기 어렵기 때문이다. 결국 옆 건물의 주인장 부부가 스태프까지 늘 신경 써야 하는 상황이 돼 버린다.

　12시 30쯤 청소가 끝난 후부터 입실 시간인 오후 4시 이전까지가 두 사람의 자유 시간이다. 비수기에 오픈해 6개월여의 시간 동안 충분한 경험을 쌓은 덕분인지 극성수기라는 7월 중순에 만났음에도 부부의 표정에선 여유가 느껴졌다. 떠돌던 유기견에서 연이네다락방의 마스코트가 된 '똘복이'와 더불어 두 사람을 꼭 닮은 2세가 마당에서 함께 뛰노는 행복한 모습이 저절로 그려진다.

섬 · 시골 생활에서 나만의 취미 하나 정도는 필수!

　이들 부부는 연애할 때부터 도시 외곽에 살고 싶어 했다. 비슷한 성향이니 결혼도 했겠지만, 굳이 제주도가 아니더라도 조용하고 한적한 곳을 원했는데 그곳이 제주였던 것이다. 제주도는 다른 지역의 시골과는 좀 다르지만 그래도 똑같은 일상이 반복된다면 지루함을 느낄 수도 있다. 다만 자신만의 취미가 있다면 여유롭게 즐기며 살 수 있는 곳이 바로 제주. 아내는 바다에 나가 보말껍질 등을 주워 와 냉장고 자석도 만들고 쿠션 등 집안 소품 등을 만든다. 겨울에는 귤이 넘쳐나니 귤잼을 만들어 조식으로 내놓는다. 서울에선 하지 못했던 취미 생활까지 즐길 수 있으니 소소한 일상이 행복하다.

New building

신축 관련 정보

- ☑ **부지 매입일** : 2014년 2월 10일
- ☑ **신축 비용** : 2억 7200만원(총 대출 1억원)
- ☑ **대지 면적** : 453㎡(137평)
- ☑ **연 면적** : 142.21㎡(43평)/다락방 포함 210㎡(63.52평)
- ☑ **건축 면적** : 142.21㎡(43평)
- ☑ **건폐율** : 31.6%
- ☑ **매입 당시 부지 현황** : 기존 건축물이 말소된 마을 내 대지
- ☑ **시공/설계** : 직영(제주CM)/제주CM 이종태 팀장, 유창건축사사무소 공동설계
- ☑ **공사 기간** : 2014년 3월–10월
- ☑ **건축 비용**

항목	비용(만원)	항목	비용(만원)
설계	500	보일러 공사	400
가설 공사	1000	보일러 공사	700
기초 공사	1500	조경 공사	400
구조 공사(단열 · 내장 포함)	8000	데크, 대문, 펜스 공사	200
외장 공사	1500	정화조 설치 공사	500
지붕 공사	1100	주차장 및 옹벽 공사	1000
계단 공사	400	인건비 및 장비대(현장 감독 포함)	2500
욕실 공사	1800	접자재비	500
창호 공사	1000	공구, 연장 구입비	200
도어 공사	700	산재보험 및 기타	200
설비 공사	1100	인테리어(수제 가구 포함)	1000
전기 공사	1000		
총 비용		2억 7200	

☑ **주요 건축 자재**

자재구분	자재명	선택 이유
지붕재	이중그림자싱글	심플하고 무난한 가격
단열재	인슐레이션	친환경적, 단열과 불연성 탁월
창호재	미국식 시스템창호	목조 주택에 보편적
외벽마감재	스타코플렉스	고급스러운 마감, 오염에 강함
내벽마감재	실크벽지	고급스러운 인테리어, 오염도 적음
바닥재	데코 타일	강도, 비용적 측면
주방가구	원목 직접 제작	
데크재	데크용 방부목	

☑ **게스트하우스 가구 · 가전 및 비품 등 구입 비용 : 약 1300만원**

☑ **신축 일지**

1단계(3-5월) 설계 및 허가 취득/공정 20%

2단계(5-7월) 목골조 완성/공정 70%

3단계(7-9월) 내외부 인테리어 마감/공정 95%

4단계(10월) 건축사용 승인/공정 100%

Guest House

게스트하우스 둘러보기

1 전경 조용한 밤, 작은 영화관으로 변신하는 마당

날씨가 좋은 날 밤, 연이네다락방의 마당은 작은 영화관으로 변신한다. 1주일에 2회 정도 영화를 상영하는데 개봉작이 아니니 굳이 처음부터 끝까지 보지는 않더라도 다락방 창문으로 조용히 보다 잠들거나, 맥주 한 캔을 들고 나와 스크린을 응시하기도 한다. 주인장이 직접 만든 마당의 작은 의자와 해먹은 똘복이와 더불어 연이네다락방의 포토 포인트 중 하나.

신축 게스트하우스
연이네다락방

2 객실 2층 침대도, 다락방도 모두 넉넉한 공간

객실의 2층 침대 바로 옆에 커다란 창을 내 침대에 누워서도 바깥 풍경이 잘 보인다. 거실 및 복도 공간과 달리 남향 창문이라 일조량도 풍부하다. 아늑함이 먼저 전해오는 2층의 '다락방'은 싱글 침대 두 개로 깔끔하게 정리했다. 바람이 많은 제주도의 특성을 감안해 한 단계 높은 두께의 단열 재로 시공했다. 1인용 전기장판도 준비돼 있어 한겨울에도 춥지 않다.

3 욕실 남녀 각각 2칸씩 세면 공간, 샤워실

화장실과 샤워 공간을 분리해 프라이버시 침해 여지를 줄였다.

4 거실 작지만 풍성한 거실과 복도

$45\,m^2$(13.613평)의 작은 면적이지만 1.8m의 높은 천장이 시원함을 선사한다. 거실 벽면 가득한 만화책, 기타, 아내 지연 씨가 만든 아기자기한 소품들이 볼거리를 제공한다. 한번 앉으면 일어나기 어렵다는 빈백 2개도 게스트들에게 인기다. 제주도 풍경 사진들은 자칫 조잡해 보일 수도 있는데 사진의 크기를 달리해 깔끔하게 정리했다.

다락방의 사다리에 걸터앉기, 기타 치는 포즈 또는 만화책 보며 빈백에 파묻히기, 복도의 간이 의자에 앉아 멍하니 창밖 바라보기 등은 게스트들의 단골 설정 샷이다.

게스트들의 조식 공간인 주방은 오렌지 컬러의 벽면에 연한 그린 컬러의 냉장고를 들여 산뜻한 분위기를 연출했다. 인덕션만 설치되어 있어 조리는 라면 등 간단한 종류만 가능하다. 24시간 오픈된 공간이다.

Income measurement

Ⓦ 2014년 10월 공식 오픈한 첫 달의 객실점유율은 25%. 1인당 2만 5000원으로 단순 계산하면 일 매출 12만 5000원, 월 매출은 375만원 정도다. 겨울철 평균 난방비 40-50만원을 포함해 운영비로 100만원 정도(대출 1억원에 대한 3%대 이자 포함)를 지출한다 해도 두 사람이 생활하기에는 크게 부족함이 없는 액수다. 6월부터 8월까지는 대체로 90% 이상의 객실점유율을 확보하고 있는 만큼 연 평균 객실점유율 60% 이상은 충분히 가능한 상황이다.

연이네다락방 2014.10−2015.12 객실점유율

〈단위 : %〉

	1월	2월	3월	4월	5월	6월	7월	8월	9월	10월	11월	12월	평균
2014	–	–	–	–	–	–	–	–	–	25	20	30	25
2015	30	35	40	50	70	90	99	99	83	80	60	80	68

신축 게스트하우스

지니코티지&지니갤러리

cafe.daum.net/busyfrog

게스트하우스 기본 정보

오픈일 / 2014년 10월
위치 / 제주시 한경면 수동1길 15
연락처 / 010-3142-7282
건물 구성 / 단층 목조 주택(커플룸 4개, 가족실 1개/
객실별 욕실), 주인 부부 거주 룸 1개
주차장 / 외부 5대

마을과의 어우러짐,
문화와 예술이 공존하는 공간

'숙박하기 편안하고,

상투적인 일상에서 벗어나 좀 더 자유롭게 쉬며,

여행객들이 서로 어색하지 않게 어울릴 수 있는 공간이 있으면 좋겠고,

때로는 혼자만의 시간을 보낼 수 있는 공간도 있으면 좋겠고,

함께 음식을 만들고 나눌 공간도 있었으면 좋겠고,

방들이 독립된 건물에 있어 외부의 소음으로부터 자유로워야 하고,

미술 작품, 예술 작품을 전시할 수 있는 공간이 있었으면 좋겠다.'

2014년 1월, 제주도엔 살을 엘 듯한 차가운 바람이 연일 끊이지 않았다. 하지만 지니 씨는 상상만 하고 있어도 추위를 느끼지 못할 만큼 하루하루가 즐거웠다. 낮 시간 동안 매물로 나온 부지를 돌아보고 저녁에 숙소로 돌아오면 스케치북부터 펼쳐 도면 그리기

에 바빴다. 스케치북 몇 권이 모자랄 정도로 자신이 꿈꾸는 집을 수없이 그렸다. 형태가 완성되면 종이를 오려가며 모형도 만들어 보면서 말이다.

아직 원하는 땅을 구하지는 못했지만 도면을 그리는 동안 그는 무척이나 행복했다. 라오스에서 1년간 운영해 본 게스트하우스를 정리하고 들어온 내 나라, 이제는 이 땅에서 내가 직접 손님을 맞고, 그 공간마저 내 손으로 만들 것이기에.

자전거만 타고 5년간 세계를 떠돌았다는 지니 씨. 여행을 정말 좋아해서 많은 곳을 떠돌다 라오스에 정착했는데, 그곳에서 인생의 반려자를 만나 귀국길에 오르게 됐다. 여행이 곧 일상이니 그가 한국에서 하려던 일도 늘 여행자와의 만남이 있는 게스트하우스. 당초 염두에 둔 지역은 일본의 오키나와나 완도의 청산도였다. 청산도는 한번도 가 본 적이 없었지만 남쪽 끄트머리라 조용한 삶에 적합할 듯했고, 오키나와는 오래전부터 마음에 두었던 곳이다. 그러나 오키나와에 가서 법적 문제 등을 알아보니 외국인 운영자에 대한 제약이 만만치 않았다. 결국 청산도를 정착지로 정하고, 최종 결정에 앞서 섬의 대명사인 제주도를 찾았는데 그대로 눌러앉게 됐다.

장수 상징하는 '물고기' 형상 평면도
빈 땅에 누워 공간 시뮬레이션까지

지니 씨가 제주도에서 토지를 알아본 기간은 2개월 정도. 보통 6개월에서 1년까지 돌아다녔다는 사람들에 비하면 짧은 시간이다. 하지만 그 시간 동안 보러 다닌 땅이 100곳 이상이다. 그러는 사이 몇 차례 우여곡절도 겪었다. 기분 좋게 가계약을 마치고 서울로 올라갔는데 다음날 계약 파기 전화가 오기도 하고, 가까스로 좋은 땅을 찾았는데 건축 허가가 안 되는 곳이라 포기하기도 했다. '이러다 시간만 흐르면 어쩌나' 하는 걱정이 끊이지 않았다. 다행히 제주도 서쪽 지역에서 가장 먼저 봤던 저지리의 1090.91m^2(330평)가 지니 씨의 품으로 들어왔다. 저지리 땅은 '바다 근처이면서 마을 안에 있는 집'이라는 부부가 찾는 조건에 딱 들어맞았다.

　토지를 찾으러 다닌 2개월여 동안 설계 도면은 이미 그려둔 터라 매매 계약을 하자마자 건축설계사 사무소에 의뢰해 건축 승인을 받고, 4월 초부터 본격적인 집짓기에 돌입했다. 저지리가 자연취락지구로 건축 신고 지역이라 인허가 절차에는 10일 정도밖에 걸리지 않았다.

　인허가 절차가 진행되던 10일 동안 지니 씨는 게스트하우스 터를 수시로 찾았다. 빈터에서 객실을 지을 곳에 누워 보기도 하고, 볕은 제대로 드는지, 바람은 어느 방향에서 들고 나는지, 시간의 변화에 따라 어떤 풍경이 보일지 직접 느끼며 상상했다.

　그처럼 신경을 써서 설계한 지니코티지&지니갤러리. 평면도를 펼쳐보면 전체적인 구조가 물고기 형상이다. 물고기가 '장수'의 상징이라 일부러 의도한 것이기도 하지만 여기에는 또 다른 이유가 있었다. 객실이 이웃하지 않고 각각 떨어진 공간으로 만들다 보니 물고기 형상이 된 것이다.

객실 간격 띄어 소음 완벽 차단
아마추어 작가 위한 무료 갤러리, 24시간 개방

　목조 주택은 습도와 더위에 강하고 시공이 간편하며, 디자인 수정도 용이하다는 장점이 있지만 소음에는 취약하다는 게 단점이다. 지니 씨가 그동안 전 세계를 여행하며 경험한 숙소만도 수천여 곳에 달하는데 많은 게스트하우스들이 옆방의 대화 소리까지 들릴 정도로 소음이 심했다. 나뿐만 아니라 다른 여행자까지 불편한 숙소를 여행자에게 제공할 수는 없었다.

　그래서 선택한 구조가 객실을 나란히 붙이지 않고 간격을 두는 것. 건물의 양쪽 끝에 별도의 출입문이 달린 별관 스타일의 객실을 배치하고, 갤러리로 꾸민 공용 공간을 중심으로 모여 있는 4개의 객실도 서로 이웃하지 않도록 분리했다. 벽과 벽 사이에 공간을 두어 소음이 넘어가지 못하도록 한 것이다. 그 결과 갓난아기의 울음소리나 10대 여학생들의 깔깔거리는 웃음소리도 다른 객실에선 전혀 들리지 않는다. 객실이 만실인데도 소음이 거의 나지 않으니 다른 방에는 손님이 없냐는 얘기도 종종 듣는다. 대부분의 게스트하우스는 소음에 취약하다. 소음만 잡아도 특별한 게스트하우스가 될 거라 생각했는데 그들의 예상이 적중한 듯하다.

나머지 객실도 다락방 스타일의 커플룸, 정원이 딸린 커플룸 , 복층 가족룸 등으로 다양하게 구성해 변화를 주었다.

공간적 측면에서 가장 많은 공을 들인 곳은 지니갤러리다. 유료 갤러리는 아니지만 왕성하게 활동하는 작가들의 작품을 지속적으로 전시하고 있다. 손님뿐 아니라 지나가는 여행객들도 잠시 들러 작품을 감상할 수 있도록 24시간 개방한다.

지니갤러리는 지니 씨가 저지리를 택한 이유 중 하나이기도 하다. 처음엔 저지리가 다소 생소했지만 주변을 둘러보니 저지오름 인근에 저지문화예술인마을 등이 있고, 올레길 중 대표적인 곳자왈 코스가 인근이라 자연 속에 파묻혀 사색하기 좋은 곳이었다. 문화예술인들이 왜 이곳에 자리를 잡았는지 이유를 알 것 같았다. 지니갤러리의 전시 작품은 유명 작가보다는 아마추어 작가들에 초점을 맞추고 있다. 지금까지는 친분이 있는 예술인들의 작품 위주로 전시하고 있지만 원하는 작가가 있다면 누구에게나 열린 공간이다. 전시작이 판매되면 수익금의 일부를 기부한다.

이들 부부가 건물을 짓고 난 후 가장 아쉬워하는 점은 두 가지. 다섯 개의 객실 중 3개만 단독 출입구를 냈는데 모든 객실에 출입구를 만들지 못한 게 그 첫 번째이다. 객실이 모두 커플 또는 가족룸이고, 게다가 한적한 저지리까지 찾아온 손님들은 무엇보다도 조용히 지내고 싶어 한다는 특성을 간과한 것이다.

또한 집의 높이를 1m만 더 높였다면 복층룸에서 바다를 더욱더 시원하게 볼 수 있었을 텐데 하는 아쉬움이다. 두 번째 집을 짓는다면 이번의 시행착오를 밑거름 삼아 더욱 완벽한 공간을 만들 수 있을 거라며 아쉬움을 달랜다.

지니코티지&지니갤러리는 여행만 해 온 남편과 일만 해 온 아내가 '돈보다는 재미, 즐겁고 여유롭게 살아 보자'는 생각으로 시작한 게스트하우스다.

2014년 10월에 오픈했으니 성수기를 경험한 건 오픈 후 8개월여 만이다. 초기에는 예상보다 손님이 많지 않아 처음 계획대로 이상적인 게스트하우스의 모습으로 꾸려갈 수 있었다. 자유로운 입·퇴실 시간에 별다른 규율이나 규칙도 없고, 예약만 하면 로컬 푸드로 차려 내는 푸짐한 무료 저녁 식사까지. 내 집에 온 손님처럼 게스트들과 어우러지며 부부도 시골스러운 삶을 즐길 수 있었다.

하지만 한동안 손을 놓았던 블로그(2008년부터 세계 배낭여행과 자전거 여행기를 올려 방문자수가 꽤 많았다)를 통해 지니코티지의 일상을 전하는 등 홍보를 시작하자 예약이 조금씩 늘기 시작하더니 성수기를 앞두고는 객실이 모자라는 상황까지 와 버렸다. 정원을 넘어서까지 예약을 받는 건 아니지만 그래도 꼭 오겠다는 손님이 있어 부부의 방을 내준 적도 있다.

게스트하우스는 활성화됐지만 부부가 꿈꾸던 '느린 삶'은 어느 순간 일상에 치이는 삶으로 변하고 있었다. 그중에서도 특히 부메랑이 돼 돌아온 건 사전 예약을 받아 무료로 제공하던 석식이었다. 지니코티지가 마을 안쪽에 위치하다 보니 대부분의 음식점이 7-8시면 문을 닫아 늦게 오는 손님이 마땅히 식사할 곳이 없어 시작한 서비스였다. 내 집에 온 손님인 만큼 로컬 식재료를 이용해 수육, 갈비찜, 해산물 등 메인 요리도 준비했다. 기본 서비스가 아니니 매번 아침에 예약을 받아 인원수에 맞게 장을 봐오는 식이었다. 그런데 객실점유율이 높아지자 청소 시간이 오후 3-4시까지로 길어졌고, 그때부터 장을 봐 식사를 준비하니 어느새 하루가 훌쩍 지나가 버렸다. 개인 시간이 완전히 사라진 것이다. 그렇다 해도 저녁 식사는 여행자를 위한 지니코티지만의 서비스이니 '잠시만 힘들면 되겠지'라는 생각이었는데 또 다른 문제가 발생했다. 예약 없이 나간 손님이 저녁에 들어와 석식을 요구하는 경우다.

"예약은 했지만 안 드시는 경우는 괜찮아요. 그런데 예약 없이 나갔다가 저녁에 들어와 식사를 요구하면 참 난감합니다. 매번 1-2인분 정도는 여유 있게 준비하지만 만실이 되면 어디서 복병이 튀어나올지 모르겠더군요. 예약자가 2명이라 2인분을 준비했는데 예약하지 않았던 4명의 게스트가 숙소로 돌아와 식사를 요청하면 있는 재료로 급하게 만들 수밖에 없잖아요? 식사 품질은 떨어지고, 예약한 손님도, 그렇지 않은 손님도 모두 불만족스러운 상황이 돼 버리는 거죠."

부부는 이 문제에 대해 여전히 고민 중이다. 작은 시골 마을까지 찾아와 준 게스트가 고마워 좋은 의도로 시작한 서비스인데 엉뚱한 결과가 초래됐기 때문이다. 결국 2015년 8월 저녁 식사 서비스를 당분간 중단하기로 결론을 내렸다.

한 번의 성수기를 지내며 혹독한 시행착오를 경험한 지니코티지&지니갤러리. 운영의 묘를 적절히 살린다면 '재미와 즐거운 삶'이라는 당초 목표에 충실하면서 자신만의 색깔을 충분히 낼 수 있을 듯싶다.

New building

신축 관련 정보

- ☑ **부지 매입일** : 2014년 3월
- ☑ **신축 비용** : 2억 7000만원
- ☑ **대지 면적** : 1090.91㎡(330평)
- ☑ **연 면적** : 198.34㎡(60평)
- ☑ **건축 면적** : 198.34㎡(60평)
- ☑ **건폐율** : 20%
- ☑ **매입 당시 부지 현황** : 건축물 없는 대지
- ☑ **시공/설계** : 직영
- ☑ **공사 기간** : 4개월(2014년 4월–7월)
- ☑ **건축 비용**

항목	비용(만원)
설계	300
가설 공사	500
기초 공사	800
구조 공사(단열 · 내장 포함)	1억
외장 공사	2000
지붕 공사	1000
창호 공사	1000
도어 공사	300
설비 공사	1000
전기 공사	1000
보일러 공사	300
도장 공사&방수 공사	400
주차장 및 옹벽 공사	100
인건비 및 장비대(현장 감독 포함)	6000
산재보험 및 기타	200
인테리어(수제 가구 포함)	3000
총 비용	2억 7900

☑️ **주요 건축 자재**

자재구분	자재명	선택 이유
지붕재	osb 판넬 아스팔트슁글	보온, 시공 편리
단열재	그라스울	가격 대비 효율
창호재	시스템 창호	보온, 단열, 방음
외벽마감재	목재, 스터코	단열
내벽마감재	실크벽지	관리 편의성
바닥재	목재(객실), 타일(갤러리)	단열, 시공 편리
주방가구	삼나무(직접 제작)	가격 대비 효율
데크재	방부목	자연 친화적 경관

☑️ **게스트하우스 가구 · 가전 및 비품 등 구입 비용 : 약 2000만원**

☑️ **신축 일지**

1단계(4월) 설계 및 토목 · 기초 작업

2단계(5월) 목골조 완성 및 외부 마감

3단계(6월) 단열 및 내부 인테리어 마감

4단계(7월) 객실용 가구 제작 및 정원 정리

Guest House

게스트하우스 둘러보기

1 전경 제주 마을의 정취가 물씬 나는 공간

돌담을 굽이굽이 돌아 들어가는 마을 한가운데 위치한 지니코티지. 지니코티지가 위치한 저지리에도 여행자가 많아지면서 게스트하우스가 꽤 들어섰지만 대부분 저지문화예술인마을과 저지오름 주변에 몰려 있다. 제주스러움을 고스란히 느낄 수 있는 마을 안 게스트하우스. 세심한 공간 미학을 떠나 위치 그 자체만으로도 매력적이다.

신축 게스트하우스
지니코티지&지니갤러리

워너비하우스
in 제주

건물의 양쪽 끝에 별도의 출입문이 달린 별관 스타일의 객실을 배치하고, 갤러리로 꾸민 공용 공간을 중심으로 모여 있는 4개의 객실도 서로 이웃하지 않도록 분리했다. 벽과 벽 사이에 공간이 있어 객실 간 소음이 완벽히 차단된다. 인기가 가장 많은 별관 스타일 객실은 전용 출입구와 전용(?) 잔디 정원이 있다. 다락방 침실에서 아스라한 저녁노을을 즐길 수 있다.

3 갤러리 여행에 주는 쉼표, 지니갤러리

늘 같은 사진이나 그림이 걸리는 장식용 공간이 아니다. 최소한 한 달 주기로 작가를 달리하며 전시된다. 주인장이 신경 쓴 갤러리의 타일 바닥. 여름에는 시원하고 겨울에는 따뜻하니 바닥에 누워 뒹굴어도 좋고, 커다란 좌식 테이블에 앉아 담소를 나누며 작품에 대한 이야기꽃을 피워도 좋다. 마음에 드는 작품은 구입도 가능하다.

신축 게스트하우스
지니코티지&지니갤러리

4 주방 바닥 타일의 차가운 느낌을 순화하는 목재 싱크

목재로 제작한 싱크대가 바닥 타일의 다소 차가운 느낌을 부드럽게 순화시킨다. 주인장의 전용 조리공간인데 건축 기간 동안 임시로 사용하려던 주방이 완공 후에도 그대로 자리 잡았다. 갤러리와 연결되는 거실에 위치해 있다는 점이 주인장이 가장 아쉬워하는 부분.

신축 게스트하우스
지니코티지 & 지니갤러리

08

신축 게스트하우스

공사바

blog.naver.com/oneone92

게스트하우스 기본 정보

오픈일 / 2014년 4월 15일

위치 / 제주시 구좌읍 평대7길 33

연락처 / 010-3938-9613

건물 구성 / 단층 철근콘크리트 주택(객실 2개, 주인 가족 룸 1개)

주차장 / 내부 2대, 외부 2대

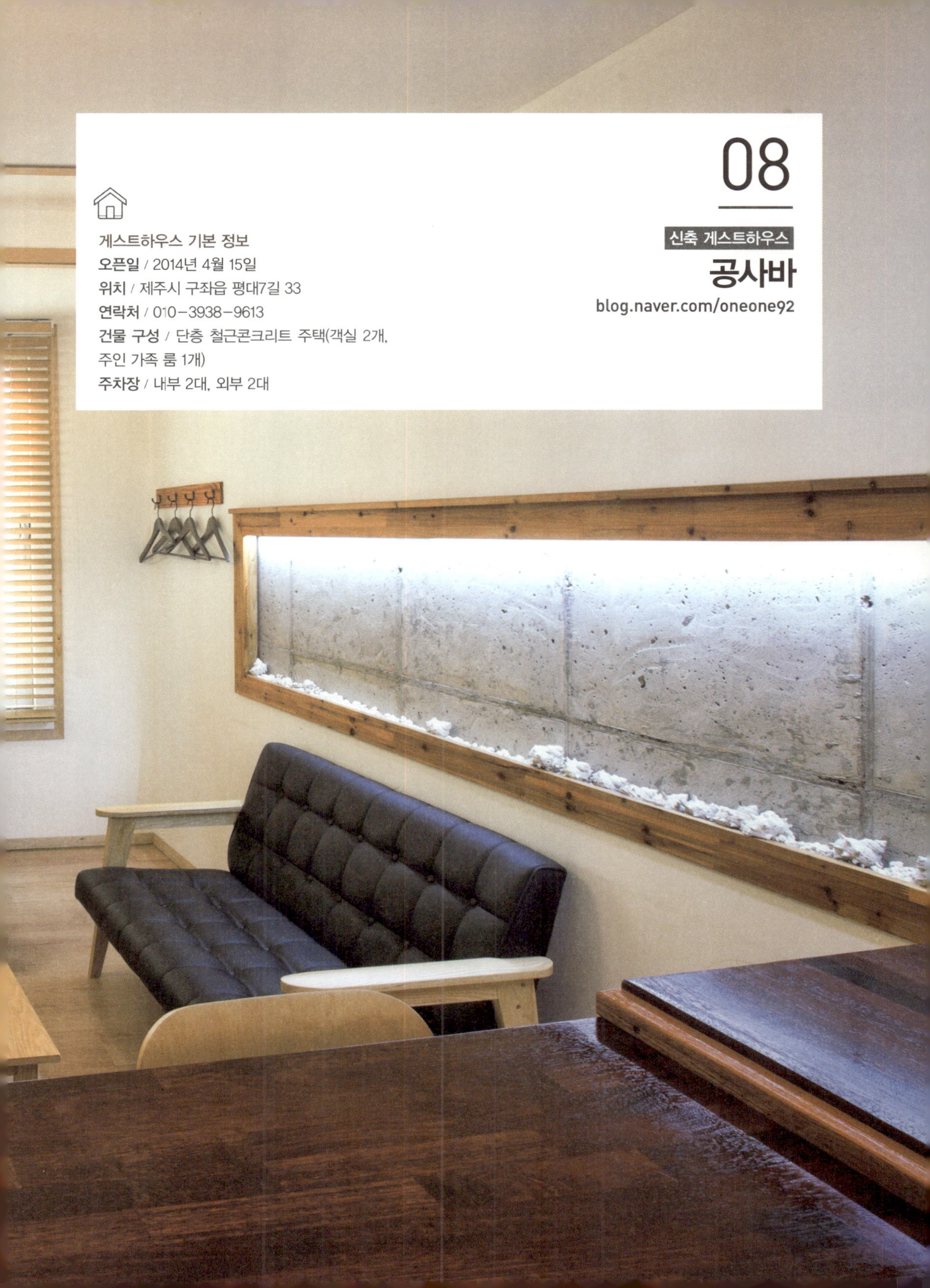

공간이
사람을 바꾼다

2013년 초, 제주 동부의 평대리 토지를 매입하고, 8월 본격적인 공사를 시작하기 전까지 아내는 늘 설렘과 불안감이 함께 담긴 목소리로 물었다.

"제주로 가면 우린 정말 행복할까?"

"공간이 사람을 바꾸는 거야."

마른 침만 삼키며 한참 동안 말이 없던 남편의 짧은 대답.

그대로 렌탈하우스 '공사바'의 이름이 됐다.

공무원이던 아내의 새벽 출근과 밤늦은 퇴근, 건축설계사인 남편의 쉼 없는 야근 때문에 수시로 남의 손에 맡겨야 했던 네 살배기 딸아이.

'자주 만나지 못하는 가족과, 늘 똑같이 반복되는 도시의 일상. 공간을 바꾸면, 그것도 지금까지와는 전혀 다른 공간, 제주도에서라면 우리의 삶도 바뀔 수 있지 않을까?'

서른 중반의 부부는 그렇게 설렘과 기대를 안고 제주 이주를 택했고, 자신들이 직접 지은 공간에도 그런 생각을 그대로 입혔다.

제주의 농촌 마을이라면 어디에서나 볼 수 있는 낮은 돌담. 일주도로를 지나 마을 도로변으로 접어들자 유난히도 네모반듯한 모양의 돌담이 눈에 들어온다. 분명 들어가는 입구가 맞는데, 작은 마당에 들어서 건물 앞에 섰는데도 현관이 어디인지 좀처럼 찾을 수가 없다. 정면의 작은 테라스처럼 보이는 저곳인가? 음, 아닌 듯한데, 이리 기웃, 저리 기웃하다 결국 포기하고 전화를 건다. 조금 기다리니 건물 왼편에서 누군가 걸어 나온다. 공사바 주인장 이완기 씨다. 그 골목으로 들어서니 짙은 오렌지색 문이 보인다. 주인장 부부가 두 아이와 함께 거주하는 공간이다.

공사바의 룸은 3개다. 주인장 가족이 거주하는 공간과 객실 2개. 객실 뒤로 돌아가면 2개 객실의 테라스가 아담한 정원으로 이어진다. 하나의 건물 안에서 3개의 룸이 각각 독립된 공간으로 존재하고, 정원은 출입구가 아니라 건물 안쪽에 위치한, 한마디로 거꾸로(?) 지은 집이다.

거꾸로(?) 지은 집, 공사바의 비밀

"손님들의 프라이버시를 가장 중요하게 생각했죠. 여느 농촌처럼 여기도 이웃들이 불쑥불쑥 들어오는 경우가 많아요. 우리 가족만 있다면 상관없겠지만 모처럼 여행 온 손님들인데 낯선 사람이 갑자기 들어오면 곤란하잖아요?"

공사바의 설계안은 하나가 아니었다. 그중 3개월이 걸려 완성한 첫 번째 디자인은 컴팩트한 스타일의 2층 주택이었다. 바다가 보여야 한다는 아내의 강력한 요청에 따른 것이었다. 아직 감자가 자라고 있던 땅이었기에 수확 때까지 기다리기로 하고 설계에만 집중하면서 몇 차례 더 현장을 방문했다. 건축에 대한 완기 씨의 생각은 '튀는 집'이 아니라 '주변과 잘 어울리는 집'이었다. 그런 관점에서 볼 때 2층 주택은 지나치게 도드라졌다. 돌담을 사이에 두고 단층 주택들이 오밀조밀 모여 있는 마을 분위기와는 전혀 어우러지지 않은 채 홀로 튀어 보일 것이 분명했다. 그렇게 해서 3개월 만에 다시 나온 디자인. 건물은 단층으로 바꾸고 1개의 객실만 복층 구조로 설계했다. 하지만 복층 객실마저도 공사 과정에서 1m 정도 낮아졌다.

염분과 바람을 피해 선택한 노출 콘크리트 건물이기에 시크하면서도 세련된 분위기가 물씬 풍기지만 다소 차가운 느낌도 없지 않다. 그럼에도 불구하고 공사바에는 제주 전통의 양식이 숨어 있다. 바로 올레다. 마당을 안쪽에 배치하고 건물과 돌담 사이에 길을 내 자연스레 올레를 만들었다. '올레'는 내 집 담과 옆집 담 사이에 난 작은 길인데, 이는 골목길이라기보다 큰 도로에서 마당으로 들어서는 약간 굽어진 공간을 말한다. 그러므로 돌담 입구에서 객실 출입문까지, 그리고 안쪽에 위치한 정원까지가 공사바만의 올레인 셈이다. 올레를 돌아야 들어설 수 있던, 개방돼 있으면서도 자연스럽게 내부의 개인 공간이 외부와 차단돼 있는 제주 돌담집의 지혜를 고스란히 공사바에 담아 낸 것이다.

대부분의 건축주들은 내 건물이 다른 곳에 비해 돋보이기를 원한다. 공사바는 설계할 때부터 주변 마을과의 조화를 많이 고민했다. 어떤 건물이든 주변과 잘 어울려야 한다는 게 건축에 대한 기본적인 생각이다. 물론 랜드마크성 디자인이 필요한 건물도 있지만 공사바가 위치한 평대리뿐 아니라 시골 마을에 집을 짓는다면 홀로 튀기보다는 마을과 잘 조화를 이루는 게 더 좋다.

제주도는 서쪽과 동쪽의 느낌이 많이 다르다. 서쪽 지역은 이국적인 휴양지 느낌이 물씬 풍기는데 반해 동쪽 마을은 마치 시골 박물관 같다. 만약 공사바가 서쪽으로 갔다면 디자인도 지금과는 많이 달라졌을 것이다.

3개의 룸, 독립적 공간으로 설계해 철저한 프라이버시 보장

주인장 가족의 공간과 객실도 동선이 완전히 분리돼 서로 만나지 않는다. 가족의 공간은 왼쪽 올레를 돌아가야 나오고, 객실은 오른쪽 올레로 가야 들어갈 수 있다.

거꾸로(?) 지은 집이지만 현관이 없는 정면에서도 답답함은 느껴지지 않는다. 정면에서 오른쪽 공간에는 통창을 낸 작업실을 배치했고, 주인장 거주 공간의 거실과 방 사이를 비워 안쪽으로 들인 후 외부 데크를 만들었다. 데크 위 옥상 부분은 마감을 하지 않고 하늘이 보이도록 비워 두었다.

콘크리트 벽 사이를 비우거나 실내임에도 콘크리트를 그대로 노출시킨 공간은 2곳이 더 있다. 테라스 데크의 낮은 콘크리트 외벽 중간쯤에 난 가로로 긴 창(?) 하나와 객실인 토토로방과 포뇨방 거실에 길게 노출된 비슷한 크기의 액자형 콘크리트 벽이다. 회백색 콘크리트 벽의 비워진 공간. 그림자를 담은 도화지가 되기도, 마당 안을 비추는 창이 되기도, 제주의 자연을 담은 액자가 되기도 한다.

외부뿐 아니라 내부 마감재에도 특히 많은 신경을 썼다. 공사를 하는 동안 완기 씨가 둘째를 보게 된 것도 있고, 또한 아이와 함께하는 손님들을 위해서라도 대부분의 가구를 천연 원목으로 직접 만들었다. 내부 마감도 새집증후군이 발생하지 않도록 본드 사용을 최대한 배제하고, 벽지 대신 독일산 천연 오일과 천연 페인트를 칠했다.

그렇다고 해서 완기 씨의 눈에 공사바가 100% 만족스러운 건 아니다. 유명 건축가의 작품처럼 모던한 스타일의 노출 콘크리트를 구현하고 싶었지만 예산도 허락되지 않았고, 도내에서 관련 전문가를 찾기도 어려웠다. 하지만 '행복한 삶, 그리고 행복한 삶을 주는 공간'을 꿈꾸며 수많은 고심 속에 나온 작품이라 상당히 만족스럽다.

"객실 2개… 조금 부족하단 생각입니다. 하하"

프라이빗 렌트룸 스타일로 꾸민 공사바의 객실 2개는 $42.97 m^2$(13평) 내외로 넉넉한 사이즈다. 간단한 조리를 할 수 있는 주방과 욕실, 거실 등이 갖춰져 있고, 복층룸은 복층 공간에도 침실을 두어 거실의 활용도를 높였다. 많은 대화를 할 수 있도록 TV 대신 잔잔한 음악이 나오는 블루투스 스피커만 설치했다.

객실 요금은 비수기 12만원, 7-8월 성수기 15만원. 그러니 비수기 때 만실이라도 월평균 매출은 720만원 정도이다. 간단한 먹거리를 넣어 두는 미니바가 무료이고, 간단한 조식으로 컵라면을 제공하니 서비스 측면에서는 큰 비용이 들지 않지만 월평균 기본 공과금이 겨울에는 100만원, 여름에는 40-50만원 정도에 달한다. 객실이 매번 만실일 수는 없으니 3개월 정도의 성수기가 있다 해도 수입은 생각보다 많지 않다.

"당초 계획은 2013년 말쯤 건물을 완공해 비수기 동안 운영 경험을 좀 쌓아 보자는 것이었어요. 그런데 공사 도중 사고가 나 어쩔 수 없이 쉬는 상황도 발생하고, 현장 인력들도 제 생각대로 움직이지 않아 완공하기까지 7개월이나 걸렸죠. 통상적으로는 4개월이면 충분하거든요. 그래서 조금 서둘러 오픈한 게 4월인데 6월 중순부터 10월까지 계속 만실이 됐어요. 처음 하는 일이라 객실 하나 청소하는 데도 몇 시간이 걸렸죠. 그렇게 청소가 마무리되면 어느새 체크인 시간이고요. 2개 객실을 유지하는 것만으로도 벅찬데 늘 100% 예약이 된다면 아마 녹초가 될 거에요. 그렇다 해도 수입은 한계가 있기에 저축할 정도는 안 된다는 거죠. 지금 생각하면 객실 크기를 조금 줄여 4개 정도 만들었다면 더 나은 수익 구조를 만들 수 있지 않았을까 싶네요. 하하."

오픈 당시와 달리 지금은 청소도 익숙해져 시간이 많이 단축됐지만 투자 시간 대비 매출을 생각한다면 썩 좋은 성적은 아니라는 것.

공간에 대한 고민을 많이 해서인지 건축 일기부터 시작한 자체 블로그 외에는 별다른 홍보를 하지 않았는데도 입소문이 빠르게 났다. 주인장 부부가 조용하고 수줍음 많은 성격이라서 그런지 손님들의 성향도 크게 다르지 않다. 오픈 2개월이 채 되지 않았을 때는 한 커플이 공사바를 찾아 3일의 허니문을 보냈고, 2015년에는 또 다른 커플이 정원에서 작은 결혼식까지 올렸다. 공간, 그리고 행복한 삶에 대한 쉼 없는 부부의 고민이 그대로 전해진 모양이다.

제주살이 1년차가 되고 보니 이제는 어느 정도 '느림'에 익숙해졌다는 부부. 공사바 외에 또 다른 할 일이 생겼다. 제주로의 이주를 결정할 때만 해도 게스트하우스 외에 다른 할 일이 있을 거라고는 전혀 생각지 못했다는데 새로운 곳에서의 시작은 또 새로운 일상도 가져다주었다. 다른 이들의 건축설계를 조금씩 돕던 완기 씨는 최근 외부 의뢰가 많아져 여러 건축 현장을 다니고 있고, 아내 주희 씨는 공무원 일을 다시 시작했다. 3년 육아 휴직을 낸 상태에서 이주한 건데 운 좋게 집 가까운 공공기관에 자리가 난 것이다. 같은 공무원이지만 청주에서 대전까지 출퇴근하느라 시달렸던 때와는 완전히 다른 삶이란다.

"제주에 가면 정말로 행복해질까? 혹시 우리가 잘못하고 있는 건 아닐까? 집을 짓는 동안에도 끊임없이 서로에게 묻고 또 물었습니다. 기대와 설렘도 있지만 불안감도 동시에 있었죠. 그런데 막상 이곳에 와 보니 또 여기에서 할 수 있는 일들이 많더군요. 제주도에서는 의사 다음으로 비싼 몸값이라는 목수일을 배워 가구 공방을 운영하는 사람도 있고, 건축 현장에서 일을 배워 목조 주택을 짓는 사람도 있어요. 새로운 삶에 적응하다 보면 전에 하던 전문 분야를 살릴 수도 있고, 그동안 몰랐던 자신의 재능도 발견할 수 있는 것 같아요."

1년밖에 되지 않은 신축 건물 공사바의 옥상엔 철제 난간으로 인해 벌써 녹물 자국이 자리를 잡았다. 염분 섞인 바닷바람과 비 탓이다. 하지만 공사바 부부에겐 그마저도 소중한 세월의 흔적이다. '세월의 흔적도 건축의 일부'라는 완기 씨의 건축 철학처럼 건물이 변해가는 모습 또한 삶의 일부일 터이니 말이다.

신축 게스트하우스
공사바

New building

신축 관련 정보

- ☑ **부지 매입일** : 2013년 2월
- ☑ **신축 비용** : 약 1억 5000만원(총 대출 7000만원)
- ☑ **대지 면적** : 645.54㎡(198평)
- ☑ **연 면적** : 177.19㎡(53.6평)
- ☑ **건축 면적** : 177.19㎡(53.6평)
- ☑ **건폐율** : 29.56%
- ☑ **매입 당시 부지 현황** : 감자밭(지목: 전)
- ☑ **시공/설계** : 직영
- ☑ **공사 기간** : 7개월(2013년 8월–2014년 2월)
- ☑ **건축 비용**

항목		비용(만원)
설계		0원(직접설계)
골조 공사	가설공사	6510
	기초 공사	
	구조공사(단열 · 내장 포함)	
외장 공사		900
욕실 공사		205
창호 공사		1200
도어 공사		90
설비 공사		400
전기 공사		500
보일러 공사(초절전 전기난방 및 온수통)		500
도장 공사&방수 공사		300
조경 공사		100
데크, 대문, 펜스 공사		100
정화조 설치 공사(하수종말처리장 유입)		0
주차장 및 옹벽 공사		250

인건비 및 장비대 (현장 감독 포함)	직접 관리	0
	장비대 펌프기 4회 포크레인 4회(조경포함) 크레인 3회	500
잡자재비	200	
공구, 연장구입비	150	
산재보험 및 기타	50	
인테리어(수제 가구 포함)	4000	
총 비용	1억 5955만원	

☑ 주요 건축 자재

자재구분	자재명	선택 이유
단열재	벽 비온보드법 1종 1호 100mm	바람이 많은 제주의 날씨를 고려해 신경을 많이 쓴 단열
	천장 비온보드법 1종 1호 150mm	
창호재	중소기업 2중 플라스틱 해안바	가격 대비 효율
외벽마감재	드라이비트	저렴한 가격
내벽마감재	아우로 천연 페인트 및 원목 가공	어린 아이들을 고려한 천연 마감재 선택
바닥재	강화마루	바닥 긁힘이 적음
주방가구	원목 주방 및 기성 주방	전체적인 내부 마감과의 조화
데크재	방부 데크목 21mm	가격 대비 관리 우수

☑ 게스트하우스 가구 · 가전 및 비품 등 구입 비용 : 약 1500만원

☑ 신축 일지

1단계(1–5월) 건축 설계

2단계(8–1월) 골조 완성 및 외부 마감

3단계(2월) 단열 및 내부 인테리어 마감

4단계(3월) 객실용 가구 제작 및 정원 정리

Guest House

1 전경 완전히 독립된 3개의 공간

공사바 건물의 양 옆 올레를 따라 들어가면 왼쪽은 주인장의 거주 공간으로, 오른쪽은 두 개의 객실로 통한다. 동선이 다르니 모르는 사람끼리 굳이 대면할 일이 없다. 안쪽 정원을 향한 테라스가 세 공간이 만나는 유일한 지점.

정면에 드러나는 건물 왼쪽의 데크. 주인장 주거 공간의 가운데를 조금 안쪽으로 들여 외부에 데크를 만들었다. 데크의 지붕은 마감하지 않고 시원하게 열어 두었다. 데크에 누워 하늘을 보면 제주의 푸른 하늘을 그대로 담은 콘크리트 액자가 된다.

2 마당 외부와 단절되지만 통한다, 노출 콘크리트 벽 사이

돌담을 통해 마당과 외부가 구분되지만 프라이버시 보호를 위해 테라스 공간에 낮은 콘크리트 벽을 하나 더 세웠다. 전체를 막는 대신 1/3 정도를 창처럼 만들어 보일 듯 말 듯한 벽이 됐다. 그림자가 드리워질 때는 회백색 도화지가 되고, 창 사이로 보이는 마당은 액자 속 그림이 된다.

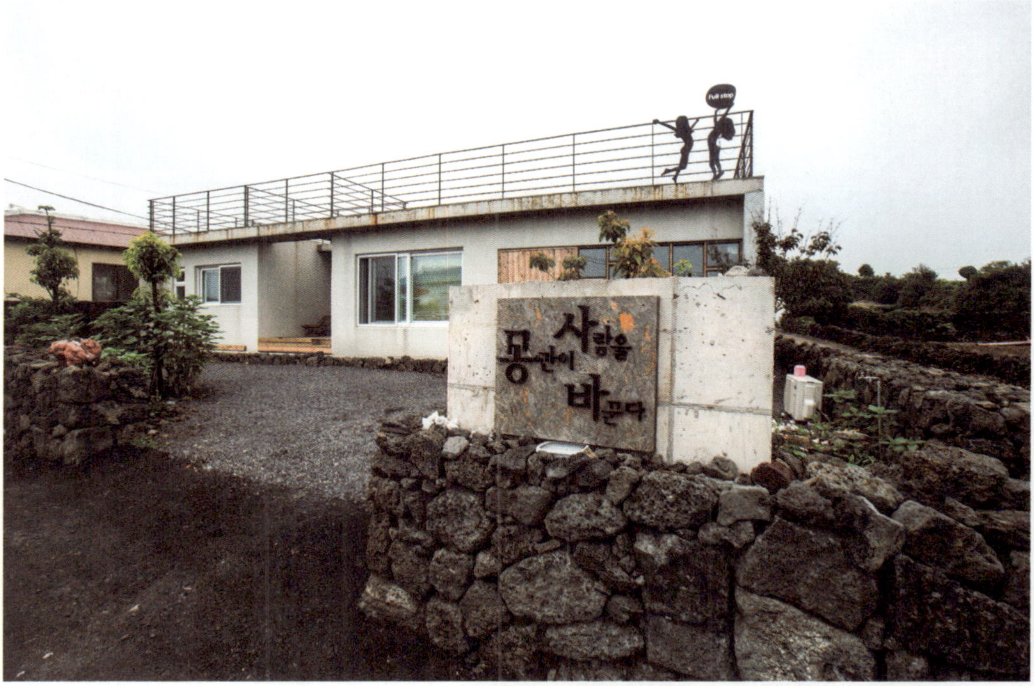

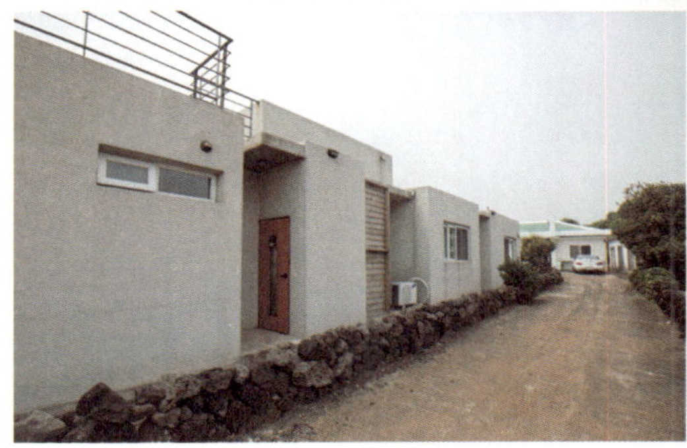

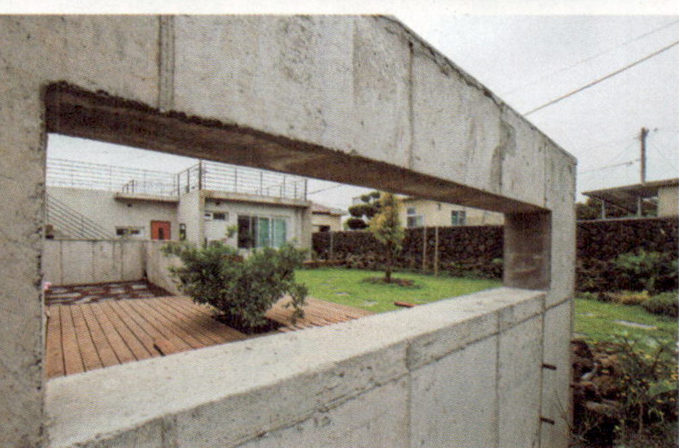

순수를 잃지 않는 아이들의 눈에만 보이는 요정 '토토로'. 유년 시절의 고즈넉한 기억을 담고 싶은 바람을 객실 명칭에 담았다. 오렌지 빛깔 문을 열고 들어서면 주인장 부부가 느리게 제주를 여행하며 듣던 잔잔한 음악이 손님을 맞는다. 아일랜드 식탁이 정갈하게 세팅된 주방의 노출 콘크리트 벽은 마감을 하지 않아 오히려 시크함을 더한다.

신축 게스트하우스
공사바

4 객실(포노방) 다락방에서 훔쳐보기, 복층의 좁고 긴 창

복층 객실의 다락 공간에 2.4m×0.3m 사이즈의 좁고 긴 창이 'ㄱ'자 모양으로 나 있다. 커플이 나란히 앉아 두 눈을 창에 대면 어릴 적 '훔쳐보기'의 추억이 되살아날 것 같다. 좁은 창은 높이가 낮아 기능적 측면보다는 건축의 섬세함을 위한 장식이다.

Income measurement

공사바 손익계산

⊚ 오픈 첫해인 2014년 공사바는 83.5%라는 높은 객실점유율을 보였다. 토토로와 포뇨라는 만화 이미지에서 따온 객실 분위기가 고즈넉한 유년의 기억을 살려 내면서 방문 손님의 입소문이 홍보 역할을 톡톡히 했다. 1-3월 비수기가 포함된 2015년 1년간 도 평균 70.6%의 객실점유율을 보였다. 이를 매출 규모로 환산(비수기 12만원, 성수기 15만원)하면 연간 매출 5354만원, 월평균으로는 531만원 선이다. 여름철 40-50만원, 겨울철 100만원 정도의 기본 공과금과 미니바 등 운영 경비를 감안한다면 도시에서의 삶처럼 넉넉하다고 하기는 어렵다. 하지만 공사바 부부는 자연과 함께하는 삶, 가족이 함께 하는 삶을 얻은 게 더 행복하다.

공사바 2014.5.–2015.12. 객실점유율

〈단위 : %〉

	1월	2월	3월	4월	5월	6월	7월	8월	9월	10월	11월	12월	평균
2014	–	–	–	–	78	78	92	100	94	91	75	60	83.5
2015	40	45	50	66	81	65	93	100	91	89	52	75	70.6
평균	40	45	50	66	79.5	71.5	92.5	100	92.5	90	63.5	67.5	77

* 2014년 4월 15일 오픈이므로 해당월 객실점유율은 제외.

게스트하우스 기본 정보

오픈일 / 2014년 3월
위치 / 제주시 구좌읍 종달로1길 38-2
연락처 / 010-5007-5012
건물 구성 / 2층 건물 (1층 카페, 가족실 2개, 2인실 2개/2층
1인실 2개, 2인실 1개, 주인장 거주 공간)
주차장 / 외부 6대

09

신축 게스트하우스

뚜르드제주

www.tourdejeju.co.kr

자전거 마니아 커플,
게스트하우스도 곳곳 아기자기 자전거 테마

"어르신, 이 땅을 꼭 사고 싶은데 파실 생각 없으세요?"

"뭐 하려고?"

"신혼부부인데 제주도에 내려와 살려고요. 그 땅에 집을 지어 게스트하우스로 운영해 볼까 합니다."

"허허~"

매물로 내놓지도 않은 땅을 보고 마음에 들어 무작정 주인을 찾아갔다는 뚜르드제주 주인장 오성묵 씨. 운 좋게도 그 땅이 성묵 씨 커플의 소유가 됐고, 그 위에 뚜르드제주가 세워졌다. 아무렇게나 쌓여 있던 돌들 탓에 언뜻 보기에는 $297m^2$(90평)의 크기에 한참이나 못 미치는 작은 땅으로 보였다는데 성묵 씨는 어떻게 그런 숨은 보석을 찾아냈을까.

원하는 대지 찾아 땅주인과 직접 담판

성묵 씨 커플이 게스트하우스 운영을 결정하고 땅을 알아보기 위해 제주도를 처음 찾은 건 2012년 10월. 당시는 직장인이었기에 틈틈이 정보를 수집하고, 며칠 정도 휴가를 내 마음에 둔 몇 개의 매물을 한꺼번에 보고 서울로 올라가는 식이었는데 마음에 쏙 드는 땅은 만나지 못했다.

커플이 원한 지역은 하도리. 사내 커플로 결혼을 앞둔 상태였으니 예산이 적어 타 지역에 비해 땅값이 저렴해야 했고, 게스트하우스 운영이 목적이라 바다도 가까워야 했다. 둘 다 자전거 마니아이니 자전거 도로도 필수. 처음부터 신축을 계획했기에 지목 변경에 추가 비용이 소요되는 밭이나 과수원, 임야 등은 제외시켰고, 대지 매물에만 집중했다. 차선책으로는 약간의 철거 비용 부담이 있지만 빈집까지 염두에 두었다. 하지만 서울에서 인터넷으로 몇 개의 매물을 검색해 한 번씩 오가는 식으로는 원하는 땅이 쉽게 나오지 않았다. 그렇게 3-4개월을 보내는 동안 회사에서의 스트레스 강도가 높아졌고 두 사람의 결혼도 구체화됐다. 결국 성묵 씨가 먼저 퇴사를 하고, 1개월 정도 제주도에 머물면서 본격적으로 땅을 알아보기로 했다.

그런데 생각보다 빠른 3주 만에 원하는 땅을 찾아 매매 계약까지 완료했다. 붙임성 많은 성격 덕분에 하도리, 오조리, 시흥리까지 마을 이장들을 찾아가 혹시 매물로 나온 땅이 없는지 물어보기도 하고, 그것만으로는 원하는 결과가 나오지 않자 지적도를 보면서 마음에 드는 땅을 찜해 땅 주인을 직접 찾아갔다. 3-4곳의 찜해 둔 대지 중 지금의 '뚜르드제주' 지주가 매매를 선뜻 허락했다.

당초 두 사람의 계획에 종달리는 없었다. 하도리를 1순위에 두고 2순위로 제주올레 2코스가 지나는 오조리까지 오가다 보니 중간 지점의 종달리가 자연스럽게 눈에 들어왔다.

"2012년 4월에 난생 처음으로 제주도 여행을 왔어요. 비행기도 그때 처음 탔죠. 하하. 첫 여행이니 뭐, 남들처럼 주요 관광지를 돌아보는 식이었죠. 그러니 제주도 곳곳을 알 리는 만무하고, 저희 커플이 자전거 마니아라 하도리를 중점적으로 본 거였어요. 그렇다고 해서 특정 지역을 고집할 필요는 없으니 종달리까지 보게 된 거지요."

종달리를 눈여겨보기 시작하니 종달리만의 다양한 장점이 매력으로 다가왔다. 무엇보다 커플이 좋아하는 시원스런 자전거도로가 가까웠고, 시작점 또는 종착점은 아니지만 제주올레 21코스와 1코스가 도보로 10분 거리에 있었다. 게다가 도보로 15분 거리에는 종달항까지 있었다. 종달리에 직접 가 보기 전까지는 성묵 씨 커플도 잘 몰랐었는데 다소 번잡한 성산항까지 가지 않고도 종달리에서 우도로 가는 방법이 있었던 것이다. 입지 조건도 괜찮았지만 종달리 마을 자체도 오밀조밀, 아기자기한 집들이 모여 있어 아늑함과 편안함이 느껴졌다.

특정 지역에 집중해 매물을 물색하다 보니 자전거 라이더, 올레꾼, 우도 및 성산일출봉 여행자까지 다양한 수요의 여행자를 만족시킬 수 있는 지점을 찾아낸 셈이다.

게스트하우스 설계, '비수기 고객 어떻게 확보할까?'

커플은 2년여 연애를 하는 동안 '제주도 가서 살자. 집은 어떻게 지을까?'라는 대화를 장난삼아 던지곤 했다. 함께 살 집을 스케치하는 게 연애의 거의 전부였다는데 머릿속 그림으로만 머물던 상상이 그대로 현실이 됐다.

땅 매입이 완료되자 성묵 씨는 곧바로 쪽방을 얻어 집짓기에 돌입했다. 설계는 따로 맡기지 않고 연애 기간 동안 틈틈이 스케치한 것들 중 가장 마음에 드는 디자인을 골라 도면으로 구체화했다. 처음부터 직영으로 지을 계획은 아니었기에 지인의 소개를 받아 조립식과 목조 2가지 형태의 시공사 견적을 받았는데 예상 금액을 한참이나 웃돌았다. 당초 예산은 1억 2000-1억 5000만원 선인데 손에 들어온 견적서는 각각 1억 7000만원과 2억 3000여만원. 지인을 통했기에 거품이 있다고도 보기 어려운데 수천만원이나 예산을 초과하니 선뜻 맡길 수도 없는 노릇이었다. 이미 퇴직도 했으니 비용 절감을 위해 성묵 씨가 직접 집을 지어보기로 했다. 건축 감리 일을 하던 성묵 씨 외삼촌에게 도움을

청하고, 기초 공사와 골조가 세워지는 초기 3개월은 전문 목수도 초빙했다. 목조 주택이라 손쉽게 도전한 것도 있지만 그래도 성묵 씨 혼자 집을 짓다 보니 완공까지 무려 1년이나 걸렸다.

커플이 설계 디자인을 하면서 가장 우선시한 부분은 비수기의 게스트. 성수기는 특별히 고민하지 않아도 어느 정도 운영 수익을 꾀할 수 있지만 게스트하우스를 안정적으로 운영하려면 비수기에도 늘 손님이 있어야 했다. 여러 가지 자료를 검토한 결과, 2013년 초부터 '사적인' 공간을 원하는 1-2인 여행자들이 늘고 있었다. 2인 전용룸으로 객실 내에 욕실까지 들여 짓고 싶었지만 110.1㎡(약 33.3평)라는 건축면적은 턱없이 작았다. 하는 수 없이 1인실 2개와 2인실 3개에는 공용 욕실을 배치하고, 가족룸 2개만 객실 내에 욕실과 화장실을 들였다. 가족룸은 초기에는 2층 침대 2개를 넣은 도미토리 형태로 설계했다. 건축을 시작할 때만 해도 도미토리 위주의 게스트하우스가 적지 않았기에 그렇게 한 건데, 지역 특성 탓인지 1-2인에 특화된 뚜르드제주의 특성 탓인지 도미토리 수요는 생각보다 많지 않았다. 몇 개월 정도 운영하다 2층 침대 하나를 치우고 온돌을 겸한 가족실로 변경했다.

작은 대지에 건축 면적을 최대로 하다 보니 최적의 일조량이 확보되는 남향은 포기해야 했다. 지역적으로 태풍과 겨울철 바람의 영향이 심해 창문 크기도 최소화했다.

2층 침대는 안전성을 고려해 일반 제품을 구입했지만 싱글 침대는 성묵 씨가 직접 제작했다. 객실 크기가 작다는 점을 감안해 침대 아래 여행 가방을 넣을 수 있도록 공간을 확보하고, 매트리스가 잘 고정되도록 벽쪽으로는 프레임도 짜 넣었다.

자전거 마니아라면 이름만 들어도 어떤 콘셉트인지 알 수 있는 '뚜르드제주'라는 명칭에 걸맞은 인테리어는 아람 씨의 작품이다. 카페 테이블의 스텐실은 기본이고 천장의 전등, 벽시계, 객실별 포인트까지 곳곳에 자전거 테마들이 있지만 그리 복잡하게 느껴지지는 않는다.

신혼 커플이 직접 지은 집이다 보니 애정이 많지만 완공 후 몇 가지 아쉬움이 있다.

가장 아쉬운 부분은 2층 객실 크기가 생각보다 작다는 것. 1층 카페 공간 위층에 자리한 주인장 거주 공간 외에 게스트 공간은 1인실 2개와 2인실 1개로 총 3개의 객실과 거실, 공용 욕실 및 화장실로 구성돼 있다. 1인실의 적정 침대 사이즈와 여유 공간을 감안해 도면을 그렸는데 실제 벽이 세워지고 천장이 마감되는 등 입체 공간으로 바뀌고 보니 생각보다 객실 크기가 작다. 그런 만큼 넓게 만든 거실이 야속할 지경이란다. 도미토리가 아닌 1-2인실을 찾는 여행자들이 많아 거실에서 다른 여행자와 함께하는 시간은 거의 없는 편이라고.

또 하나 아쉬운 점은 방음이다. 목재의 단점이 방음이기에 일반 자재보다 더 두꺼운 것을 사용했음에도 불구하고 민감한 성격인 아람 씨의 귀에는 거슬리는 소리가 적지 않다. 특히 저녁 8시 이후만 되면 마을 전체가 조용해지고 간간이 오가는 자동차 외에는 외부 소음이 거의 없어 더 민감하게 느껴진다는 것. 건축 당시만 해도 제주도에는 들어와 있지 않던 방음 소재가 최근 유입돼 적당한 시기에 새 소재를 구입해 방음을 보완할 계획이다.

파워블로거 노하우 활용한 온라인 홍보

커플 모두 웹 MD였다는 점은 뚜르드제주의 초기 홍보에 많은 도움이 됐다. 아람 씨는 일 2000-5000명의 방문자가 찾는 파워블로거였기에 오픈 전부터 뚜르드제주의 블로그를 철저히 기획해 준비했다. 꾸준한 콘텐츠 업로드를 위해 건축일지도 세세하게 작성해 적당한 간격으로 올리고, 효과적인 태그 사용 등 파워블로거의 노하우를 적용해 짧은 기간에 방문자수를 늘렸다.

블로그와 더불어 지금까지 꾸준히 유지하고 있는 또 하나의 홍보 활동은 포털 사이트의 키워드 광고. 온라인에 익숙하지 않은 사람들은 광고를 무조건 도외시하는 경우가 많다. 광고대행사가 접근해 오면 월평균 20-30만원 정도를 요구하니 우선 피하고 보는데 키워드 광고는 직접 집행할 경우 월 3-5만원 정도로도 충분히 가능하다. 일반적인 키워드가 아니라 구체화된 키워드를 활용하면 검색 결과를 높이면서 비용은 줄일 수 있다. 예를 들면 '성산일출봉 근처 게스트하우스', '우도 근처 게스트하우스', '종달리 게스트하우스' 등으로 구체화된 키워드에 집중하는 것이다,

키워드는 어떤 단어를 선택하느냐에 따라 가격이 천차만별일 수 있기에 검색 빈도는 낮아도 만족할 만한 결과를 내는 구체성 있는 키워드에 집중한다. 키워드 광고의 성과를 정확히 측정하기는 어렵지만 비수기 예약률을 볼 때 충분히 효과를 보고 있다는 게 아람 씨의 설명이다.

적정 규모의 투자로 부담 줄이고
트렌드에 맞춘 발빠른 변화 모색 필수

직접 지은 집에서 2년 게스트하우스를 운영 중인 30대 초반 커플. 외부 인력을 전혀 쓰지 않는데다 카페까지 운영하기에 힘이 들 법도 한데, 그런 기색은 전혀 보이지 않는다. 초기에는 둘이 함께 일을 하다 지금은 각자의 근무 시간을 조절해 카페 영업시간을 저녁 10:30에서 9:00로 앞당기고, 조식 준비도 하루씩 교대로 하는 등 철저한 업무 분담을 한 덕분이다. 게스트하우스 역시 오후 9시 이후로는 자율 입실을 하도록 해 사적인 시간을 철저히 확보했다. 운영 수익도 예상치에서 크게 벗어나지 않아 신축 당시 8000여 만원의 대출금이 이제 얼마 남지 않았다.

그렇다고 해서 평생 게스트하우스를 운영할 생각이 있는 건 아니란다.

"게스트하우스는 객실이 한정적이라 매출 최대치도 정해져 있어요. 노후까지 이 일만 한다면 삶이 너무 재미없잖아요? 향후 몇 년간은 게스트하우스를 운영하겠지만 그 형태가 독채룸 렌탈 등 다른 숙박업소가 될 수도 있고, 그러면서 또 다른 일도 구상해 볼 수 있지 않을까 해요. 과도한 투자로 부담을 많이 갖고 시작하는 건 그다지 추천하고 싶지 않지만 1억원 미만의 대출을 포함해 적정 규모의 투자라면 게스트하우스 운영은 충분히 해볼 만한 일이라고 생각해요."

신축 게스트하우스
뚜르드제주

이주민이 많아졌으니 관광객만 볼 것이 아니라 다른 곳으로도 눈을 돌려볼 수 있을 거라고 말하는 성묵 씨. 뚜르드제주 2층 공간이 늘 마음에 걸려 1-2년 후쯤에는 구조를 변경하고, 주변에 부부가 거주할 단층 주택도 하나 더 지어 볼 계획이다. 새로운 곳에서의 안정적인 정착과 여행자 모드의 삶까지 충분히 누리고 있는 예쁜 커플이다.

New building

신축 관련 정보

- ☑ **부지 매입일** : 2013년 4월 10일
- ☑ **신축 비용** : 약 1억 1000만원(대출 8000만원)
- ☑ **대지 면적** : 297㎡(90평)
- ☑ **연 면적** : 193.34㎡(약 58.5평)
- ☑ **건축 면적** : 110.1㎡(약 33.3평)
- ☑ **건폐율** : 39.6%
- ☑ **매입 당시 부지 현황** : 대지
- ☑ **시공/설계** : 직영/무아건축사무소
- ☑ **공사 기간** : 2013년 4월–2014년 3월
- ☑ **건축 구조** : 미국식 목구조
- ☑ **건축 비용**

항목		비용(만원)
가설 공사		195
기초 공사		350
구조 공사		6000
외장 공사		331
단열 공사		246
지붕 공사		173
내장 공사 (석고보드)		330
계단 공사		120
욕실 공사 (5개)		149
창호 공사	방 8개	144
	파티오 3개	390
	화장실 5개	96
도어 공사 (현관3, 방문 8, 화장실문 5)		402
설비 공사		32
전기 공사		84

보일러 공사 (전기필름)	288
도장 공사&방수 공사	230
지하수 설치 공사 (상수도 인입비)	120
주차장 및 옹벽 공사	20
공구 · 연장 구입비	900
산재보험 및 기타	290
총 비용	약 1억 1000만원

☑ **주요 건축 자재**

자재구분	자재명	선택 이유
지붕재	이중 그림자 슁글	목조 주택에 가장 안정화된 자재
단열재	외단열: EPS 내단열: 인슐레이션	난방비 절감 위한 내 · 외단열 적용
창호재	이중 페어 유리+토네이도 창호	잦은 태풍 저항력과 열 손실 절감
외벽마감재	플랙시블 테라코	수축 · 팽창에 대비한 탄성형 자재
내벽마감재	석고보드	방화시 가장 연소가 늦은 석고보드 2장 시공
바닥재	한솔 강화마루	관리 용이, 캐리어 등으로부터의 스크래치 방지
주방가구	일반 싱크대(편백나무)	목조 주택과의 조화
데크재	데크용 방부목	일반화된 자재 선택

☑ **게스트하우스 가구 · 가전 및 비품 등 구입 비용 : 약 1000만원**

(가구를 직접 제작하여 목재 구입비만 산정)

☑ **신축 일지**

1단계(2주) 기초 공사/공정 20%

2단계(5개월) 목골조 완성/공정 70%

3단계(5개월) 내장 공사/공정 90%

4단계(1개월) 욕실 공사/공정 95%

5단계(2개월) 내부 인테리어 및 마무리/공정 100%

1 전경 작은 대지에 알차게 지은 건물

주차장보다 먼저 눈에 들어오는 자전거 거치대. '뚜르드제주'란 명칭답게 입구부터 자전거 테마의 아이템들이 손님을 반긴다. 작은 대지에 가용면적을 최대한 활용해 건물을 지었음에도 도로의 코너에 위치해 있어 답답함은 느껴지지 않는다.

5 4 3 2 1

신축 게스트하우스
뚜르드제주

2층은 내 집 거실 같은 좌식 테이블로, 1층엔 자전거 테마 플레이모빌이 한가운데 자리한 입식 테이블로 꾸몄다. 1층 공동 거실 한가운데 자리한 자전거 경주장은 해외 사이트까지 뒤져 수집한 자

전거 테마 플레이모빌. 라이더들뿐 아니라 경주를 촬영하는 카메라맨, 경찰 헬기와 오토바이, 본부석까지, 다양한 표정들의 플레이모빌을 하나하나 살펴보다 보면 시간 가는 줄 모르겠다.

RIDING
MY
MAKES
me feel
Good

나홀로 여행자에 특화시킨 1인실, 2인실, 가족룸으로만 구성했다. 1인실 2개와 2인실 3개에는 공용 욕실을 배치하고, 가족룸 2개만 객실 내에 욕실과 화장실을 들였다. 안전성을 고려해 구입한 2층 침대 외에 싱글 침대와 헤어드라이어 박스는 모두 주인장이 직접 만들었다. 헤어드라이어 박스는 문을 앞으로 당겨 위로 밀어올리는 방식으로 해 여는 재미를 더했다.

워너비하우스
in 제주

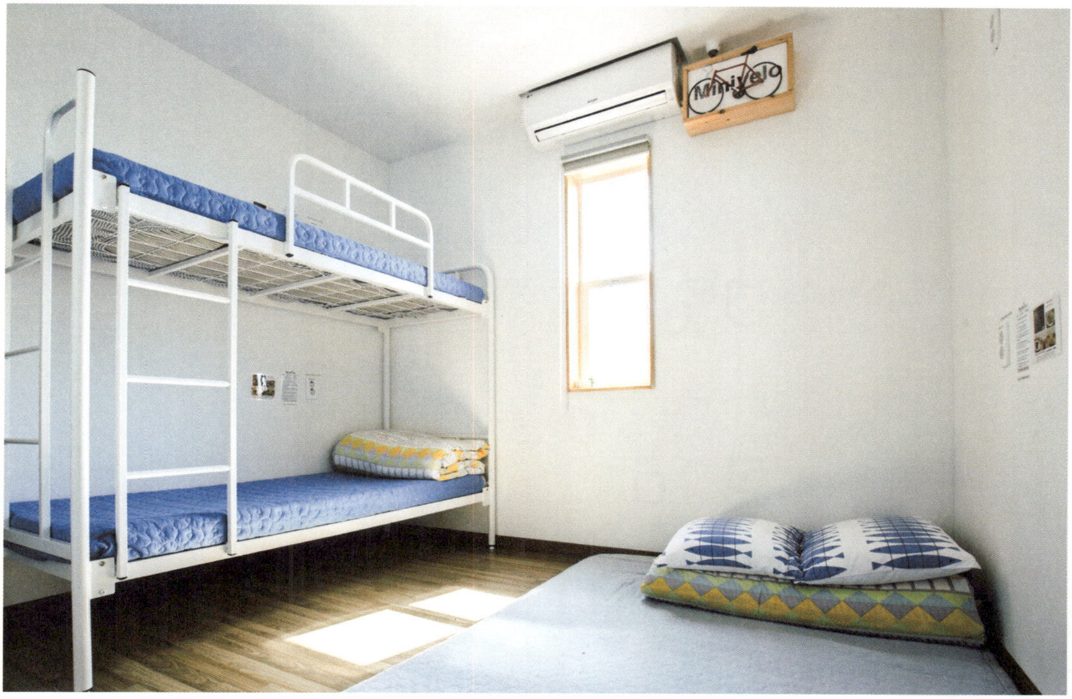

신축 게스트하우스
뚜르드제주

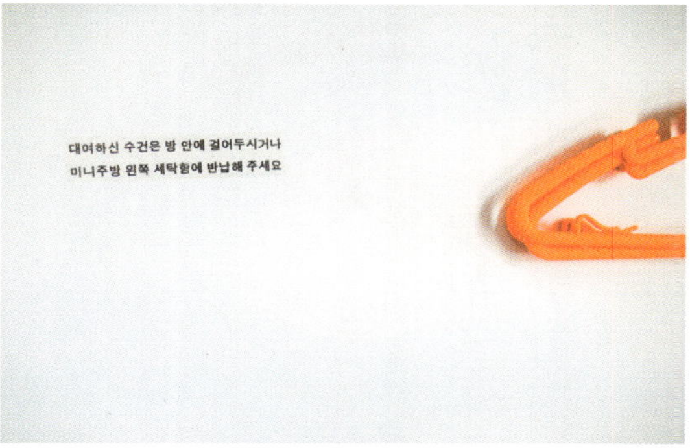

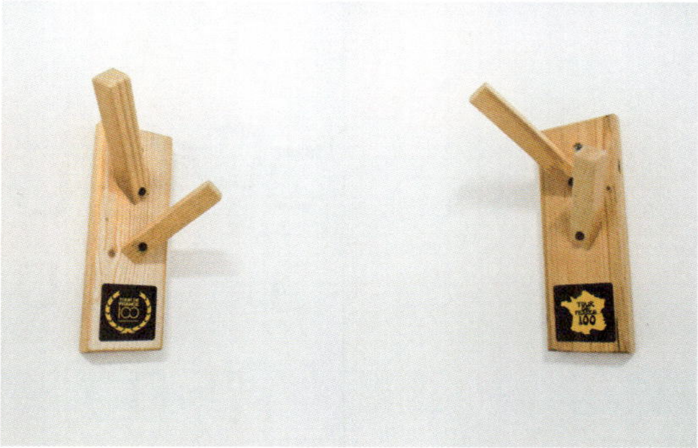

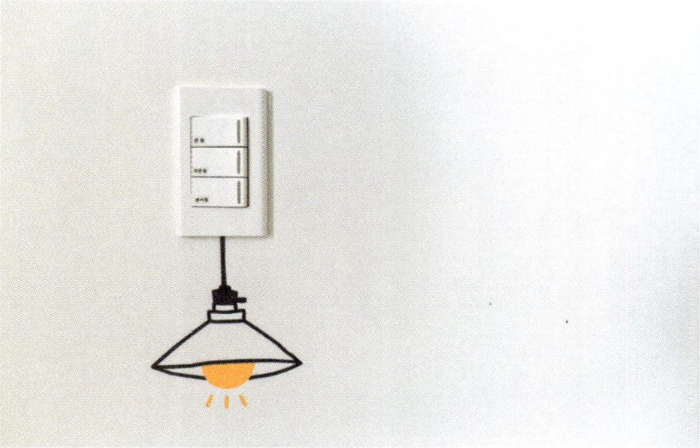

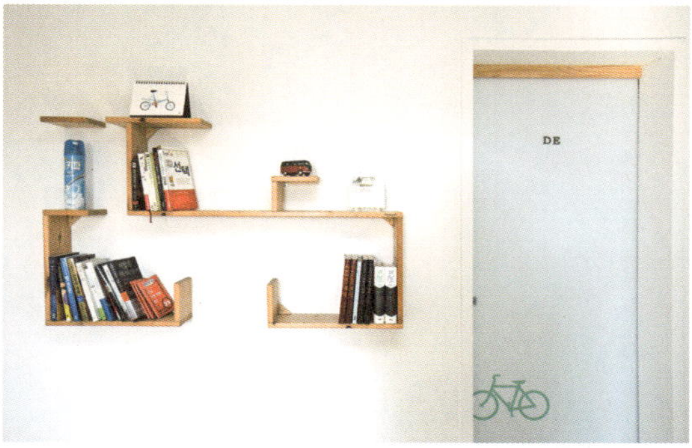

4 욕실

화이트의 타일로 벽을 마감하고, 창틀, 거울, 받침대 등을 편백나무로 짜 넣어 목조 주택 특유의
따뜻한 느낌을 살렸다. 시간이 많이 흘렀지만 은은한 편백나무 향이 여전히 살아 있다.

테이블의 스텐실, 천장의 전등, 벽시계뿐 아니라 곳곳의 앙증맞은 소품들도 모두 자전거 테마다. 꼼꼼히 보기 시작하면 생각지 못한 곳에서도 자전거 아이템과 만난다. 겨울에는 아람 씨가 직접 만든 손뜨개 모자도 판매한다.

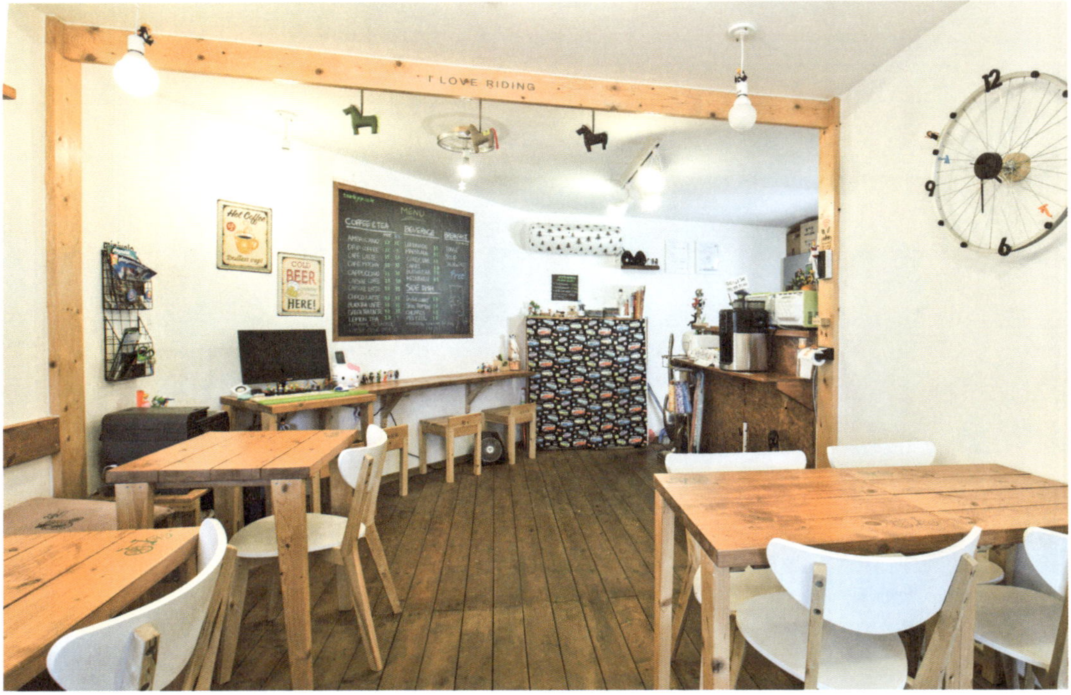

워너비하우스
in 제주

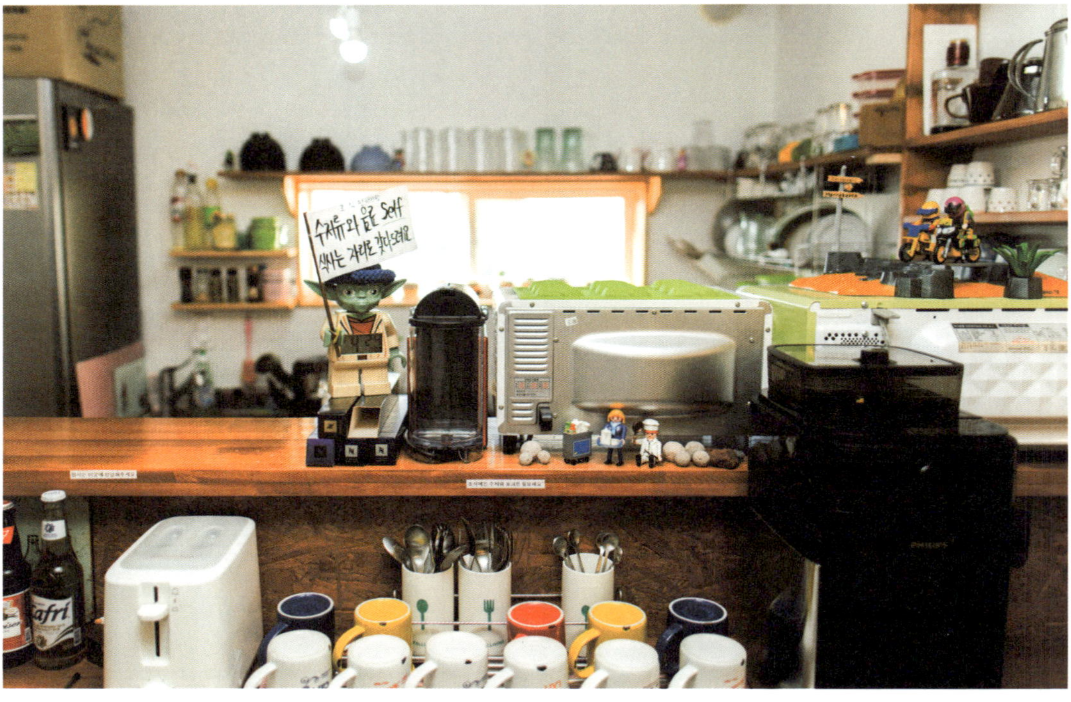

Income measurement

뚜르드제주 손익계산

2014년 3월 20일 오픈한 뚜르드제주의 2014년 평균 객실점유율은 69.6%. 비수기에도 평균 50% 이상의 높은 객실점유율을 유지하고 있다. 지역과 상관없이 객실점유율 수치만으로도 상당한 성과지만 반경 1km 이내에 렌트하우스, 커플 전용 민박을 포함해 8개의 숙박업소가 포진해 있다는 점을 감안한다면 더욱 높은 성과라 할 수 있다.

기준 인원만으로 100% 객실점유율일 경우 일 매출 37만원으로 월 매출이 1110만원이니 69.6%의 객실점유율이라면 월 매출은 770여만원. 운영비와 커플의 생활비가 성수기 22%, 비수기 32%이니 평균 27%로 감안해도 커플의 인건비를 포함한 순수익이 562만원. 운영비는 전기와 수도 요금, 조식, 휴지와 세면용품 등 몇 가지 생필품 정도로 전체 매출의 3-5% 정도밖에 차지하지 않는다.

뚜르드제주 2014.4.–2015.12. 객실점유율

〈단위 : %〉

	1월	2월	3월	4월	5월	6월	7월	8월	9월	10월	11월	12월	평균
2014	–	–	–	47.1	49.1	68.3	88.9	91.7	83.1	92.6	68.1	65.5	72.7
2015	51.9	68.9	81.4	65.6	63.4	63.9	83.3	85.7	65.9	57.5	55.5	69.6	67.7
평균	51.9	68.9	81.4	56.4	56.3	66.1	86.1	88.7	74.5	75.1	61.8	67.6	69.6

10

신축 B2B 펜션

제주마로

blog.naver.com/mcabs

게스트하우스 기본 정보
오픈일 / 2014년 7월
위치 / 제주시 한림읍 한림로 414-2
연락처 / 010-2126-7504
건물 구성 / 2층 단독 건물(1층 가족실 2개,
2층 2인실 3개)
주차장 / 외부 3대

객실마다
다른 스타일의 감성

협재해수욕장까지 도보로 7분, 서일주도로 바로 앞에 위치한 '제주마로'. 도미토리 객실이 먼저 연상되는 게스트하우스와 달리 2인실 3개와 가족실 2개로 구성된 아담한 2층 건물이다. 외관은 컴팩트한 디자인의 옅은 갈색 목조 건물.

그다지 특별할 것은 없어 보이는데 객실 문을 열고 들어서면 완전히 다른 공간이 펼쳐진다.

1층의 6인 가족실이 장과장방, 4인 가족실이 김목수방. 객실 명칭부터 별나다. 커플실 3개가 나란히 위치한 2층은 각각 정실장방, 장팀장방, 백대리방이다. 문을 열고 들어서기 전까지는 '회사 워크숍 고객 유치에 주안점을 둔 숙박업소인가?' 하는 생각이 먼저 든다.

"객실을 디자인 한 디자이너 이름을 객실명으로 사용한 거예요."

안병선 주인장의 소개다.

건축 설계 당시부터 객실에 대해서는 디자이너에게 전권을 주고 취향껏 만들어 보라고 주문했다. '정실장'이 디자인한 객실은 바닥만 빼고 온통 화이트 컬러로 심플함과 모던함이 물씬 풍기는 공간. 바다가 훤히 펼쳐지는 창 앞에 2개의 빌트인 족욕기가 나란히 놓여 있다. '장팀장'은 복층 구조의 공간에 펍 스타일의 홈바를 들인 객실이다. 클럽 분위기가 물씬 풍기니 밤새 홈바에서 와인이라도 기울여야 할 것 같다. '정실장'과 마찬가지로 창 앞에 빌트인 족욕기가 설치된 '백대리'. 아이보리톤의 창 주변은 파벽돌로 포인트를 주었다.

1층으로 내려오면 6인 가족실이지만 욕실 외에는 중간 문이 전혀 없어 거실이 매우 넓어 보이는 '장과장' 방이 있다. 4인 가족실인 '김목수'는 다른 4개의 공간과는 조금 다른 느낌. 2개의 방과 넓은 주방, 양문형 냉장고가 빌트인으로 설치돼 있다. 원래는 객실이 아니라 딸아이와 주인장 부부가 거주할 목적으로 만들었다는데 생각보다 공간이 작아 이후 객실로 전환했다.

여름철 제주도의 가장 핫한 곳 중 하나인 협재해수욕장. 광주에서 이주해 왔다는 주인장 가족은 어떻게 이곳에 자리를 잡게 됐을까?

휴양차 이주한 제주도, 장사 시작했다 6개월 만에 포기

주인장 안병선 씨는 건강이 좋지 않아 7-8년 전부터 휴양차 제주도를 자주 오갔다. 하지만 제주도에 와 있을 때만 건강 상태가 좋아졌을 뿐 나아질 기미가 보이지 않았다. 이래서는 안 되겠다는 생각에 아예 제주 이주를 결정했다. 주변에서는 '아무 연고도 없는 제주도에서 버틸 수 있겠느냐'며 걱정했지만 모험을 좋아하는 병선 씨에게 그 정도는 별 문제가 되지 않았다.

2012년 제주시 노형동으로 이사하고, 점포를 임대해 주방용품 할인 마트를 열었다. 하지만 생각만큼 성과는 나오지 않았다. 아마도 제주도의 '궨당' 문화 때문일 듯하다는 게 병선 씨의 설명. '궨당'은 '권당(眷黨)'에서 비롯된 말로, 친인척을 뜻하는 제주 사투리다.

"가격을 한참이나 낮췄는데도 물건이 안 팔리더군요. 친한 사람들도 정작 물건을 살 때는 다른 집으로 가는 거예요. 친척 관계이거나 학연이거나 뭐, 그런 식이었죠. 하하."

결국 6개월 만에 장사를 접었다. 초등학생 딸아이와 아내도 함께 이주했기에 아내는 광주에서 하던 영어강사 일을 시작했지만 급여는 전에 비해 턱없이 적었다.

고민 끝에 2008년 협재리에 사 둔 땅을 활용해 숙박업소를 운영하기로 했다. 신축 예산은 1억 7000만원. 게스트하우스가 유행처럼 번지던 시기라 병선 씨도 자연스럽게 도미토리형 게스트하우스를 짓는 쪽으로 가닥을 잡았다. 그 후, 건축설계사를 찾아보다가 우연히 마음에 드는 신축 별장을 발견하고 설계업체를 수소문했다. '제주마로' 공사 기간 8개월여를 함께한 '제주도디자인' 팀이었다.

그러나 '제주도디자인' 팀은 병선 씨의 계획에 대해 부정적이었다. 도미토리형 게스트하우스는 한차례 붐으로 끝날 수 있으니 그보다는 커플 고객을 대상으로 하는 B&B(Bed and Breakfast) 콘셉트로 하자는 것. 실제로 도미토리 위주의 게스트하우스들이 커플룸으로 전환하는 경우가 하나둘 늘고 있었다. 몇 차례의 논의 끝에 6인 가족실 1개와 커플실 3개, 주인장 거주 공간 1개로 총 5개의 방을 갖춘 건물을 짓기로 했다. 그렇게 콘셉트가 바뀌자 건물 형태도 바뀌어 최종 설계 도면이 나오기까지는 3개월이나 걸렸다.

도미토리? 글쎄, '흐름이 바뀌었다, 커플 전용 B&B'

병선 씨가 최종적으로 선택한 설계 도면은 가운데가 위로 약간 솟은 3분할 형태의 건물이었다. 사각 형태는 아니고 뒤쪽으로 살짝 경사를 넣어 측면에서 보면 기울어져 있는 듯한 모양새다.

외부 공간은 대지가 $264.46m^2$(80평)로 작아 주차장 등 최소한의 공간 외에는 활용할 수 있는 여지가 없었다. 목조 건물이므로 공사 기간은 4개월을 예상했다.

그러나 기초 공사가 본격화된 후 '제주마로'가 실제 오픈하기까지는 무려 8개월이나

위너비하우스
in 제주

소요됐다. 2013년 12월 겨울에 시작된 공사, 며칠 정도의 한겨울 추위 외에는 태풍 등 기상 조건에 의한 변수도 없었다.

공기가 지연된 주된 요인은 외벽과 내부 마감에 있었다. 뒤쪽으로 경사를 넣고 조형물을 추가한 디자인은 시공사도 처음 시도하는 형태라 예기치 못한 시행착오가 발생한 것. 외벽 마감을 하고 보니 지붕의 조형물이 분리돼 버려 재공사를 해야 했다. 내부 공사에서는 2개의 객실에 빌트인으로 디자인한 족욕기가 문제였다. 설비 전문업체에 맡겼다면 한결 수월했을 텐데 시공사가 직접 제작하다 보니 족욕기 설치에만 한 달이 걸렸다.

목조 주택의 최대 취약점인 소음은 객실 간 이중벽을 쌓는 것으로 해결했다. 1층은 객실 사이에 복도가 있어 소음이 덜하지만 2층은 객실 3개가 붙어 있기에 사이사이에 이중벽을 세운 것. 효과는 좋았다. 복도에서는 미약하게 소리가 좀 들리지만 객실 간 소음 문제는 발생하지 않는다.

'제주도디자인'이 건축 디자이너 중심의 회사인 만큼 디자이너들의 개성을 살려보기로 했다. 병선 씨는 객실마다 꼭 필요한 가이드라인만 제시하고 나머지는 모두 디자이너에게 일임했다. "내집처럼 꾸며달라."는 부탁에 디자이너들도 흔쾌히 응하며 의지를 다졌다. 디자이너에게 자율성을 준 덕분인지 기대 이상으로 예쁜 공간이 나와 병선 씨 부부도 상당히 만족스럽다.

개성 살린 5개 객실, 호텔 못지않은 서비스

디자이너 '정실장'은 군더더기 없는 깔끔한 모던 스타일을 선택했다. 화이트가 인상적인 객실. 침실은 창가가 아닌 안쪽에 배치됐지만 창가 쪽으로 싱크대와 간이 식탁이 있어 통창 너머로 그림처럼 펼쳐지는 바다를 감상하며 차 한잔 또는 맥주 한 캔을 즐길 수 있다.

족욕기와 침대를 창가에 배치해 누워서도 에메랄드빛 바다와 하늘을 바라볼 수 있도

신축 게스트하우스
제주마로

록 디자인한 '백대리'. 아이보리톤의 질감을 살린 내벽과 천장의 워싱페인트 마감으로 빈티지 느낌을 살렸다. 창가 벽면은 파벽돌로 마감해 포인트를 주었다.

'장팀장'은 록카페 스타일의 홈바가 핵심. 높은 층고 덕분에 바다를 향한 창을 4개나 만들고, 침대는 복층에 배치했다. 복층 공간이 낮지 않아 불편함은 없지만 침실이 안쪽에 배치돼 침대에 누워 바다를 볼 수 없다는 점은 약간의 단점이 될 수도 있어 보인다.

6인 가족실을 맡은 '장과장'은 확 트인 공간의 미를 살렸다. 욕실 외에는 공간을 분리하는 문이 전혀 없고, 널찍한 거실에는 테이블을 가운데 두고 멀바우 원목으로 둘러앉을 수 있는 자리를 만들었다. 문이 없는 공간은 병선 씨가 요구한 것이었다. 여행지에서만큼은 가족끼리 터놓고 대화를 나눴으면 하는 의미란다.

주인장 가족의 주거 공간은 '김목수'가 맡았다. 객실이 아니니 섬세함보다는 거주 편리성에 주안점을 두었다. 주방과 욕실을 가운데 배치한 후 한쪽에 거실을, 다른 쪽에 2개의 방을 들이고, 살림집에 필요한 수납공간은 싱크대부터 거실 위쪽으로 이어지게 했다. 거실의 창도 일반 창이 아니라 테라스 형태다. 병선 씨 가족이 몇 개월 거주하기는 했지만 살림집으로 사용하기에는 부족한 공간이 많아 객실로 전환하게 됐다.

개성 있는 객실 콘셉트 외에 눈길을 끄는 부분이 하나 더 있다. 객실의 모든 침대에 호텔 스타일의 새하얀 커버를 씌운 것이다. 청소거리가 더 늘어나겠지만 게스트하우스 요금으로 호텔 못지않은 서비스를 누리니 게스트의 만족도는 높은 편이다.

텃세가 심하다는 협재해수욕장 근처에 자리를 잡은 병선 씨. 공사 첫 한 달간은 이웃과의 분쟁도 적지 않았지만 특유의 친화력 덕분인지 그 다음 달부터는 텃세를 경험하지 못했다. 여기에는 돌담을 없앤 것도 한몫을 톡톡히 했다.

"제주 돌담이 특징이지만 어쨌든 담은 이웃과의 경계선이잖아요? 공사를 시작하고 보니 우리 쪽 돌담이 1cm 정도 다른 땅을 침범했는데 그 때문에 분쟁이 좀 있었어요. 어디든 마찬가지지만 땅 관련 분쟁은 민감하잖아요. 결국 우리집의 돌담을 없애는 게 낫겠다 싶었죠. 돌담이 사라지니 이웃집 어르신이 뒷마당이 넓어졌다며 좋아하

시더군요."

그 일로 호감을 얻었는지 병선 씨를 보는 현지인들의 시선이 많이 달라졌다고.

1만 5000원 상당의 주변 맛집 조식 쿠폰

8개월간의 마음고생 끝에 2014년 7월 오픈한 제주마로. 자체 블로그를 운영하는 것 외에 특별한 홍보는 하지 않았기 때문에 첫 달에는 다소 애를 먹었다. 다만 운 좋게도 파워 블로거들이 방문한 후 입소문을 내 주었다. 그러자 여러 유명 블로거들도 구경하고 싶다며 일부러 찾아와 직접 촬영한 사진으로 자신의 블로그에 포스팅했다. 일부러 비용을 주고 한 것이 아니기에 병선 씨는 하룻밤 정도 직접 묵어볼 것을 권했으나 블로거들이 묵는 경우는 거의 없었다.

다른 게스트하우스와는 차별화된 조식 서비스도 인지도를 높이는 데 많은 도움이 됐다. 제주마로는 근처 전복죽집, 사골손만둣국집과 계약을 맺고 1만2000-1만5000원 상당의 메뉴를 조식 쿠폰으로 제공한다. 커플룸이 비수기 때 11만원이라 해도 조식 쿠폰값을 제외하면 숙박료는 8만원 정도인 셈이다. 초보 운영자들이 조식을 준비하기가 쉽지 않을 듯해 처음부터 쿠폰 방식을 계획했다.

직접 맛을 보고 선별한 음식점인데다 한 곳은 석식(저녁 7시)까지도 이용할 수 있어 게스트들의 반응이 좋은 편이다.

숙박 트렌드 주기가 길지 않아 대략 3년 이후에는 어떤 형태가 될지 모른다는 제주마로 주인장. 물론 트렌드가 변하면 아예 전체적인 콘셉트를 바꿔 새로운 모습으로 다가갈 수도 있다.

진심을 담은 게스트 접대 덕분인지 제주마로의 평균 객실점유율은 80% 정도나 된다. 3년 후 어떤 새로운 콘셉트의 객실이 여행자의 마음을 사로잡게 될지 벌써부터 기대가 된다.

Tip

✍ 제주에서 숙박업을 한다면 바다 근처로

병선 씨는 제주에서 숙박업을 원하는 사람들에게 개인 주택을 지을 게 아니라면 중산간은 피하는 게 좋다고 조언한다. 제주로 여행 오는 사람들의 목적은 대부분 바다이기 때문이다. 물놀이가 가능한 해수욕장이 가까우면 더 좋다. 제주마로의 땅도 애초 숙박업을 하기 위해 매입한 땅은 아니었지만 실제 운영을 해 보니 위치가 가장 중요하다. 독채 렌탈이라면 중산간도 괜찮을 수 있지만 가족 여행객은 여름 성수기에 주로 몰린다는 점도 감안해야 한다.

New building

신축 관련 정보

- ☑ **부지 매입일** : 2008년
- ☑ **신축 비용** : 3억여원(총 대출 1억원)
- ☑ **대지 면적** : 264.46㎡(80평)
- ☑ **연 면적** : 102.47㎡(31평)
- ☑ **건축 면적** : 535.53㎡(162평)
- ☑ **건폐율** : 50%
- ☑ **시공/설계** : 제주도디자인
- ☑ **공사 기간** : 8개월(2013년 12월–2014년 7월)
- ☑ **건축 구조** : 목조
- ☑ **건축 비용**

구분	항목	비용(만원)
건축	기초	1790
	설비	2200
	전기	2100
	골조	1020

건축	외벽 마감		4580
	지붕 마감		1250
	도어 및 창호		2260
	내부 방수 및 단열, 석고보드 마감		3460
	건축 공사 총계		1억 8660
객실 인테리어	1층 가족실 / 김목수방	46.58㎡(15평)	8700
	1층 가족실 / 장과장방	39.67㎡(12평)	1030
	2층 객실1 / 장팀장방	33.06㎡(10평)	977
	2층 객실2 / 정실장방	33.06㎡(10평)	1100
	2층 객실3 / 백대리방	26.45㎡(평)	1160
	인테리어 공사 총계		1억 2960
건축＋인테리어 총 비용			3억 1620

☑ 주요 건축 자재

자재구분	자재명	선택 이유
지붕재	이중 쉥글	외벽 인테리어에 중점
단열재	그라스울	방음, 소음 효과
창호재	미국식 시스템	LG ZI:N 창호: 방음 효과
외벽마감재	시멘트 사이딩	세로시공, 롤러스터코: 혁신
내벽마감재	도배, 파벽돌, 스타코	입구와 복도 각방의 특색 선택
바닥재	데코타일	가격 대비 효율성
주방가구	미목부엌가구	일부 위탁, 디자인팀 직접 시공
데크재	레드파인 방부목	일반적 소재

☑ 게스트하우스 가구 · 가전 및 비품 등 구입 비용 : 약 1500만원

☑ 신축 일지

1단계(3개월) 측량 및 건축설계

2단계(1개월) 기초 공사 및 골조

3단계(3개월) 외벽 마감

4단계(2개월) 내부 전기공사 및 내부 마감, 지붕 마감

5단계(1개월) 실내 인테리어

Guest House

1 전경 '피사의 사탑'이 연상되는 기울어진 외부 조형물

뒤로 약간 경사진 외부 디자인이 자칫 밋밋하게 보일 수 있는 건물에 포인트를 준다. 제주마로에는 집의 경계선을 의미하는 돌담을 쌓지 않아 사방이 확 틔었다. 마을이 온통 돌담인데 굳이 경계선의 역할을 하는 돌담을 쌓고 싶지 않았단다.

건물 입구는 넓지 않은 공간이지만 잠시 앉아 기다릴 수 있는 푹신한 흔들의자와 냉장고를 비치
했다. 냉장고 속 아이스크림이나 생수는 언제든 꺼내먹어도 상관없다.

2 객실(정실장) 화이트톤의 깔끔한 모던 스타일 콘셉트

화이트 컬러로 심플함과 모던함이 물씬 풍기는 공간이다. 바다가 훤히 펼쳐지는 창 앞에 2개의 빌트인 족욕기를 설치해 통창 너머로 그림처럼 펼쳐지는 바다를 감상하며 여행의 피로를 풀 수 있도록 했다.

신축 게스트하우스
제주마로

3 객실(장팀장) 복층 침실에 록카페 스타일의 홈바까지

복층 구조의 공간에 펍 스타일의 홈바를 들인 객실이다. 클럽 분위기가 물씬 풍기니 밤새 홈바에서 와인이라도 기울여야 할 것 같다. 높은 층고 덕분에 바다를 향한 창을 4개나 만들고, 침대는 복층에 배치했다.

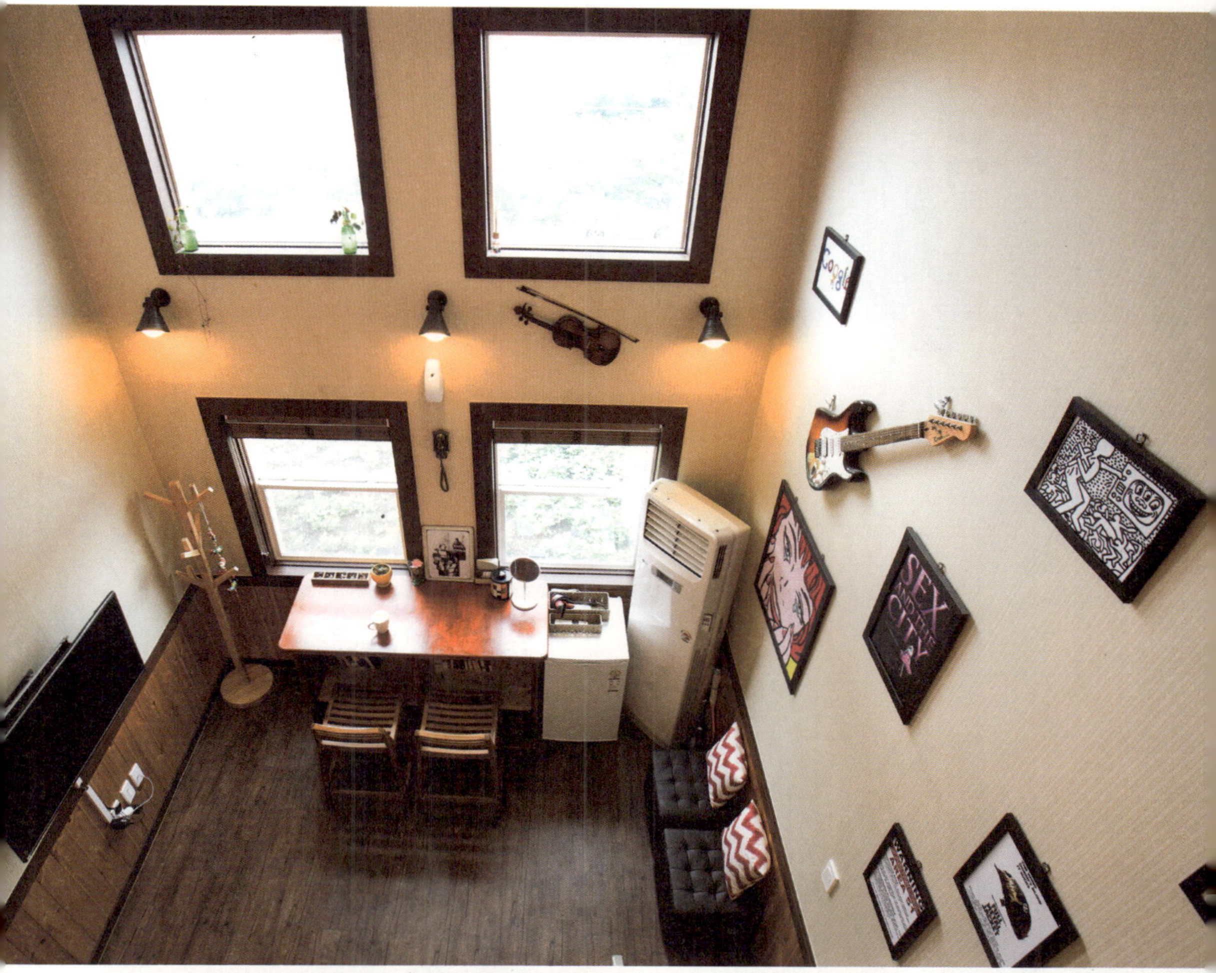
Google
SEX AND THE CITY

COFFEE
CAFE

WARNING
AREA 51
CAFE

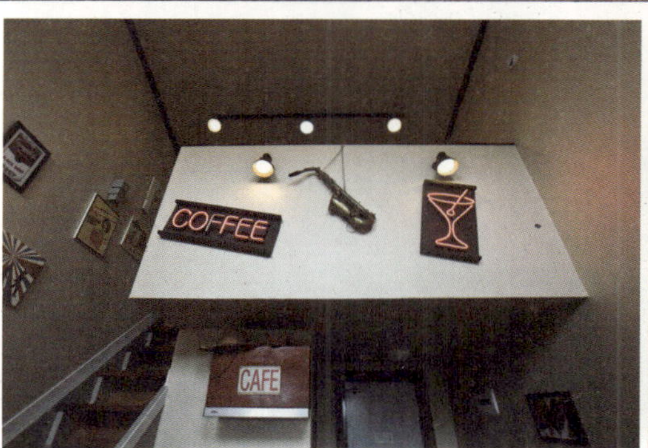

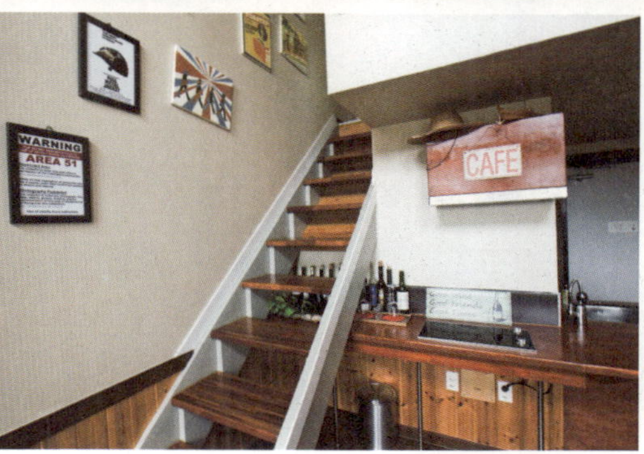

워너비하우스
in 제주

4 객실(백대리) 아이보리톤 파벽돌이 포인트

족욕기와 침대가 창가에 있어 누워서도 에메랄드빛 바다와 하늘을 바라볼 수 있다. 아이보리톤의 질감을 살린 내벽과 천장의 워싱페인트 마감으로 빈티지 느낌을 살렸다. 창가 벽면은 파벽돌로 마감해 포인트를 주었다.

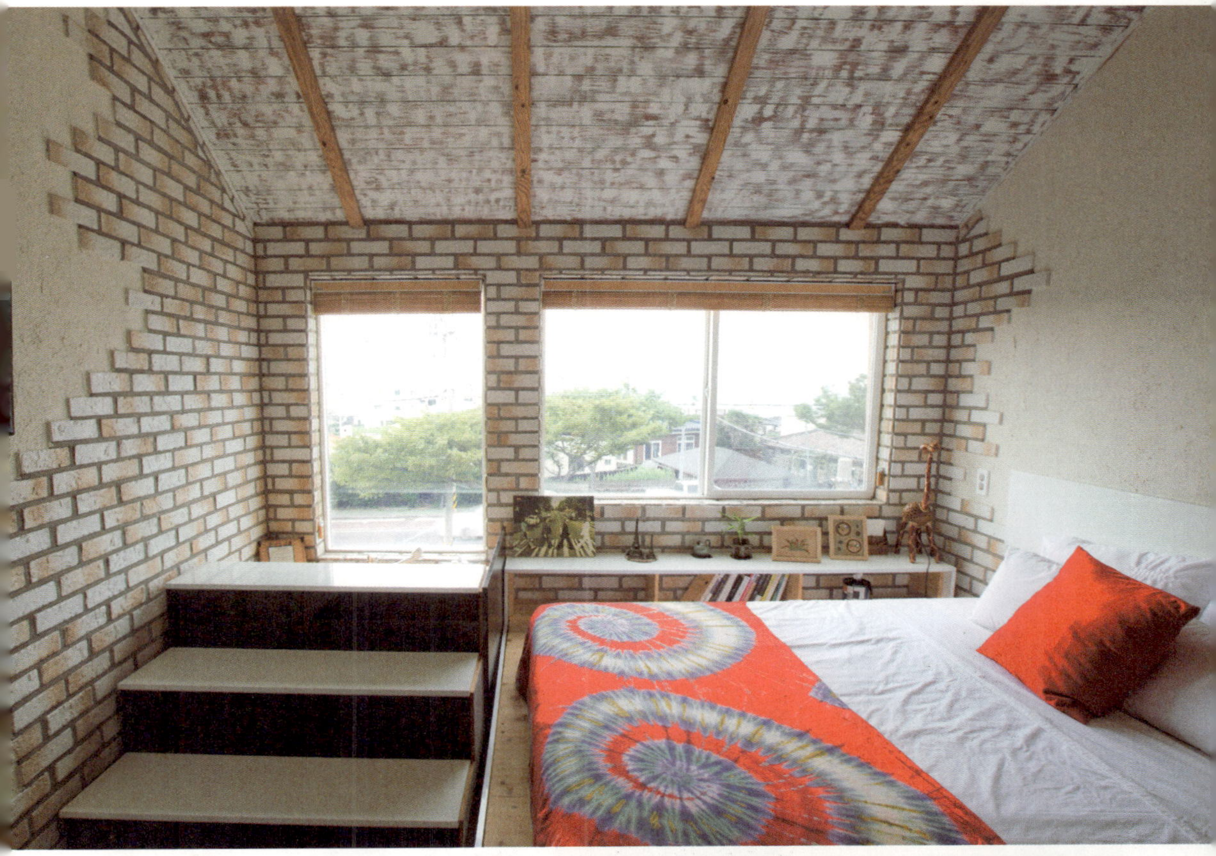

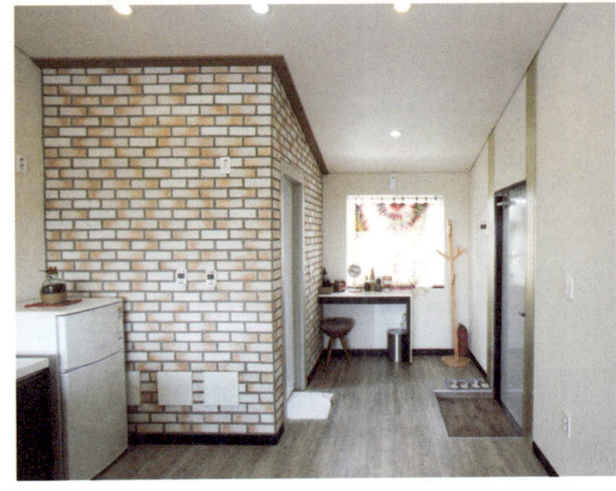

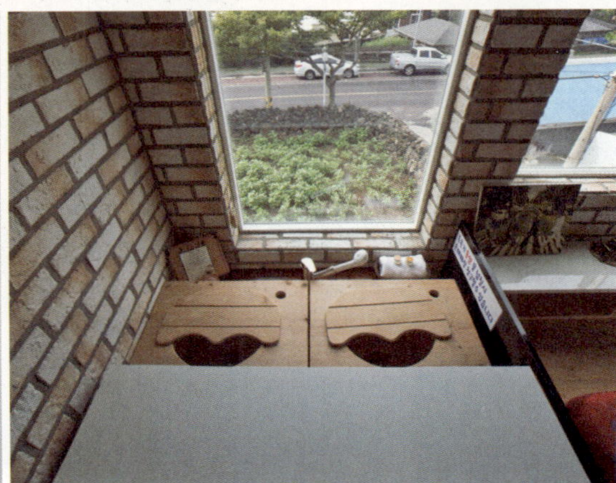

5 객실(장과장)

6인 가족실이지만 욕실 외에는 중간 문이 전혀 없어 거실이 매우 넓어 보인다. 확 트인 공간의 미를 살린 객실로 널찍한 거실에는 테이블을 가운데 두고 멀바우 원목으로 둘러앉을 수 있는 자리를 만들었다. 여행지에서만큼은 가족끼리 터놓고 대화를 나눴으면 하는 의미이다.

5 객실(장과장)

신축 게스트하우스
제주마로

6 객실(김목수)

2개의 방과 넓은 주방, 양문형 냉장고가 빌트인으로 설치돼 있다. 원래는 객실이 아니라 딸아이와 주인장 부부가 거주할 목적으로 만들었다. 주거용 공간으로 디자인한 객실이라 낯선 여행지의 숙소가 아니라 내 집에 온 듯한 느낌이다.

신축 게스트하우스
제주마로

Income measurement

제주마로 손익계산

오픈 첫해인 2014년 평균 객실점유율 75%, 1년 한 해를 오롯이 가동한 2015년에는 77.5%를 보이는 등 운영 성과가 좋은 편이다. 비수기 평일이 2인실 11만원, 4인실 13만원, 6인실 15만원이고, 주말은 각각 2만원씩 비싸지니 월 100% 객실점유율이라면 4주 기준 1128만원이다. 연간 75% 점유율일 경우 1억 1000만원 정도의 매출이다. 전기료, 청소도우미, 조식 등의 운영비가 차지하는 비중은 20% 정도. 부부의 인건비를 합한 순수익은 8800만원 정도.

성수기는 6주 정도에 불과하지만 2인실 17만원, 4인실 20만원, 6인 가족실 22만원으로 비수기 평일과 차이가 많으니 성수기 때 100%에 가까운 객실점유율을 감안한다면 이보다 약간 더 높은 수준의 수익을 올린다고 볼 수 있다.

제주마로 2014. 7–2015. 12 객실 점유율

〈단위 : %〉

	1월	2월	3월	4월	5월	6월	7월	8월	9월	10월	11월	12월	평균
2014	–	–	–	–	–	–	100	90	80	80	50	50	75
2015	60	70	70	70	100	90	100	100	90	80	50	50	77.5

게스트하우스 기본 정보
오픈일 / 2013년 1월 1일
위치 / 제주시 도두봉6길 9-1
연락처 / 010-6265-0328
건물 구성 / 2층 주택(1층 객실 2개,
주인가족 공간 2개, 2층 객실 2개)
건물 구입비 / 약 4억원
주차장 / 외부 3대

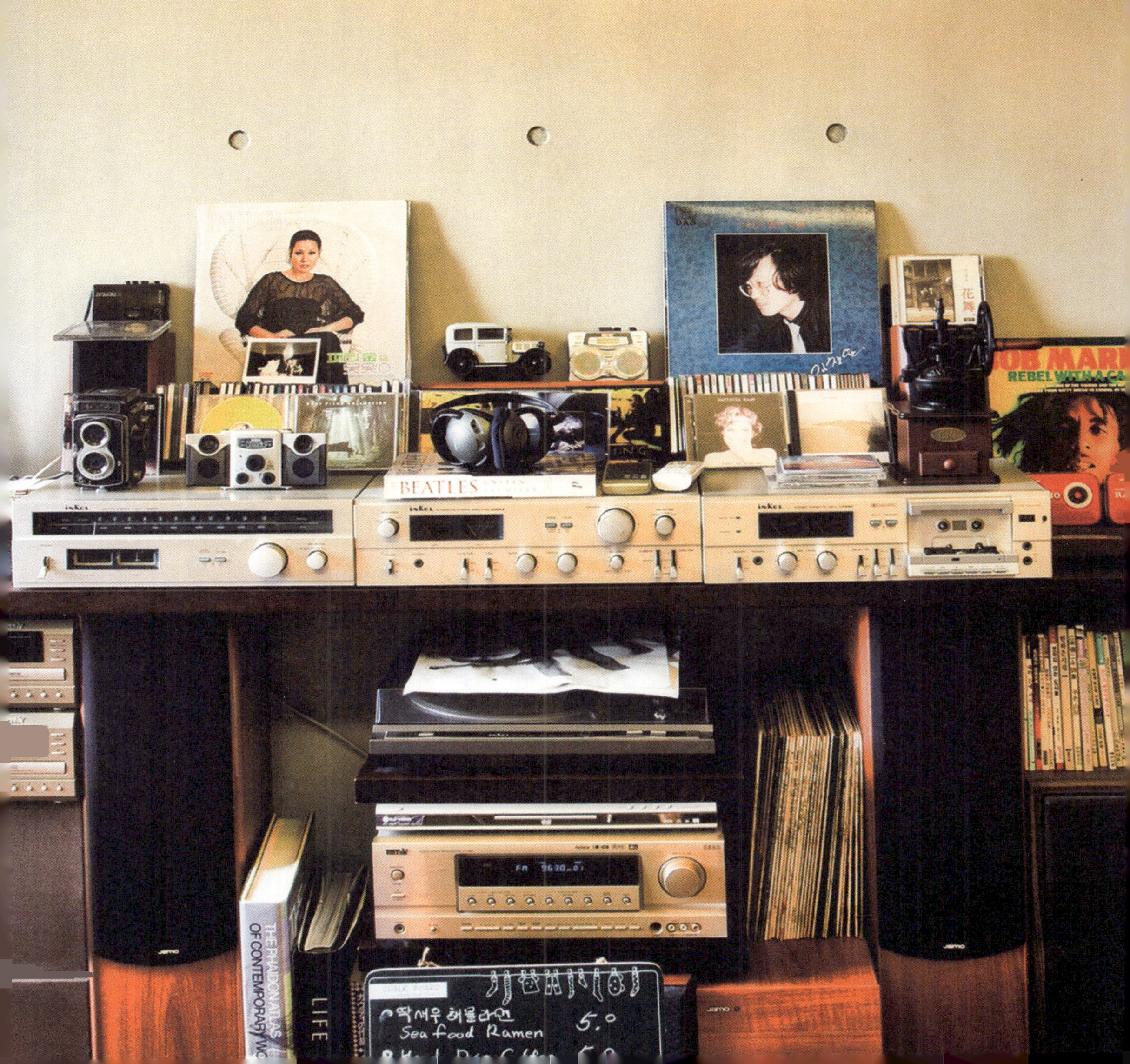

11

타오하우스

taohousejeju.blog.me

새로운 곳에서 찾은 또 다른 일상,
그런 집을 꿈꾼다

공항에서 차로 10분, 공항 뒤편 바닷가 도두항에 인접한 타오하우스.

제주공항에서 직선거리로는 2km에 불과하지만 공항을 돌아가야 하니 차로 10분 정도 걸리는 것.

객실은 4개가 전부인데 1인실이 8만원, 2인실이 12만원(비수기)이다. 게스트하우스 숙박비가 이렇게나 비쌌나? 잠시 고개를 갸웃거리지 않을 수 없다.

공항 근처, 특히 사통팔달 교통 요지인 제주 시내에 위치한 게스트하우스는 대부분 2층 침대가 놓인 도미토리 위주이고, 가격도 4인실이 1인당 2만 2000-2만 5000원, 2인실은 5만 5000원 내외다.

타오하우스는 뭐가 다른 걸까?

엄밀히 말해 타오하우스는 게스트하우스라기보다는 B&B에 더 가깝다. Bed and Breakfast, 즉 숙박과 아침 식사를 해결하는 형태이다. 우리나라에서는 익숙하지 않은 개념이지만 영국이나 북미, 호주 등 영어권 국가에서는 많이 일반화돼 있다.

"저희가 살고 있는 집인데, 방 몇 개를 손님들께 잠시 빌려드리는 거라고 생각해요. 그저 하룻밤 잠만 자고 가는 게 아니라 머무는 동안은 저희 가족과 이 집을 함께 쓰는 거죠."

주인장 서종환 씨는 타오하우스가 그저 하룻밤 묵고 가는 숙박 시설이 아니라 손님과 주인이 잠시나마 한 집을 공유하는 셰어하우스라고 강조한다. B&B 콘셉트의 셰어하우스라는 것. 하지만 타오하우스도 처음부터 지금과 같은 모습은 아니었다.

4개 객실에 최대 정원은 8–10명, 가격 높아도 꾸준한 인기

2013년 1월, 오픈 당시 타오하우스의 4개 객실 중 하나는 6인 도미토리였다. 게스트하우스라는 이름을 내건 숙박업소라면 너나 할 것 없이 거의 모든 공간을 4-6인실, 심지어는 8-10인실까지 도미토리 공간으로 만들던 때다.

종환 씨 부부도 게스트하우스 운영은 처음이었으니 하나 정도는 당연히 도미토리로 꾸며야 한다고 생각했다. 그렇게 하니 최대 수용 인원은 무려 17-18명, 도미토리 1인 가격은 2만 5000원이었다. 당시로서는 조금 비싼 금액이다. 하지만 조식을 한식으로 내는 게스트하우스가 거의 없었던 만큼 그 정도면 적정하다는 게 부부의 생각이었다.

"주변에서 그렇게 비싸게 받으면 손님이 오겠냐고 걱정들을 하더군요. 그래서 우리가 잘못 생각했나 싶어 2만 2000원으로 낮췄어요. 하지만 한 달 만에 2만 5000원으로 다시 돌아왔죠."

운이 좋았던 건지 별다른 홍보를 하지 않았는데도 첫해부터 손님이 끊이질 않아 여름 성수기 시즌까지 보냈다. 그렇게 8개월 정도를 보내고 나니 이른 아침부터 저녁 늦게까지 하루 종일 게스트하우스 일에 묶여 다른 생각은 할 수조차 없었다.

"한식으로 조식을 준비해야 하니 매일 새벽 6시에 일어났어요. 만실일 때는 조식 준비에만도 상당한 시간이 걸렸죠. 해 보던 일도 아니니 시간이 많이 걸리고, 식사를 마치고 나면 그때부터 청소를 시작해요. 그러면 어느덧 오후 5-6시. 또 새로운 손님이 오는 시간이죠. 몇 개월을 그렇게 살다 보니 '이렇게 계속 갈 수는 없겠다'라는 생각이 들더군요. 그러던 어느 날, 저희 집에 들렀다 가격을 물어보고는 2만 5000원이라고 하니 다른 집으로 발길을 돌리는 손님이 있었어요."

그 이후, 타오하우스의 도미토리 가격은 3만원이 됐다. 5000원이라는 애매한 가격차보다는 아예 높은 가격대로 차별화하겠다는 전략이었다. 가격에 걸맞게 서비스의 질을 높이기 위한 노력도 동반됐다.

조식에 자주 사용하던 햄, 소시지와 같은 가공 식품을 전부 없애고, 로컬 식재료 위주로 교체해 건강식으로 바꿨다. 6인 도미토리도 2015년 5월부터는 아예 없애고 1-2인실만 운영한다.

종환 씨 부부가 원하는 타오하우스의 최대 정원수는 8-10명 정도. 지금은 머리를 식힐 겸 찾는 재방문 고객도 많아 게스트하우스 운영에는 어려움이 없다.

하지만 로컬푸드 밥상만으로는 타우하우스의 꾸준한 인기 비결을 설명하기 어렵다. 입이 심심치 않도록 간식이나 군것질거리를 늘 식탁 한 편에 챙겨 둔다지만 그 역시 큰 차별성이라고 보기는 어렵다. 그렇다면 내 집에 온 듯한 가정집의 편안함, 건물 자체가 갖고 있는 내외적인 공간의 미학에서 그 비결을 찾을 수 있지 않을까?

10개월 동안 제주 곳곳 돌며 머릿속으로 지은 집만 수백 채

타오하우스는 세 번 반하게 되는 게스트하우스다. 모던하면서도 심플한 외관에 한번, 여행지 숙소가 아니라 내 집에 온 듯한 편안함에 또 한번, 마지막으로 전체적인 분위기와 잘 조화를 이루면서도 각각 다른 테마의 객실에 한번이다.

타오하우스의 주인장 종환 씨의 전직이 건축설계사였다기에 직접 지은 집이 아닐까 했는데 신축 건물을 구입한 거란다.

높은 연봉에 빡빡한 삶보다는 '느린 삶'이 좋아 제주를 택했다는데, 왜 하필 공항 근처였을까?

종환 씨가 12년여의 직장 생활을 정리하고 제주도를 찾은 건 2012년 초였다. 고액 연봉에 괜찮은 직장이었지만, 어느 순간 건축을 공부할 때 그렸던 '꿈'은 멀어지고, 대신 쉼 없는 야근만이 기다리고 있었다. 2011년 여름, 아내가 갑작스러운 수술 후 제주 친정집에서 쉬는 동안 종환 씨도 '더 이상 미루지 말자'는 생각이 들었다. 그리고 며칠 후 사표를 던졌다. 그러자 가슴 한 편에 늘 감춰져 있던 게스트하우스에 대한 열망이 꿈틀거리기 시작했다. 대학 졸업 후 유럽에서 시작해 중동, 인도, 중국까지 27개월을 여행했던 종환 씨였으니 '느린 삶'을 택한 순간, 삶의 방식으로 게스트하우스가 다가온 건 자연스런 선택이었다.

그때부터 부부는 제주 곳곳을 누비며 집을 지을 땅을 찾아다녔다. 무려 10개월, 해안가를 따라 240km를 돌며 머릿속에 지은 집만도 수백 채란다. 하지만 부부가 원했던 땅, '숲과 바다가 함께하는 곳'은 쉽게 나오지 않았다. 아내는 숲을, 남편은 바다를 원하니 그런 땅이 쉽게 나올 리 없다. 몇 개월이 지나고 나서야 부부는 생각을 바꿨다. 땅만 볼 게 아니라 리모델링이 가능한 건물까지 보기로. 그렇게 마음을 정하고 처음 만난 건물이 지금의 타오하우스란다.

"처음 이 집을 보러 왔을 때 둘 다 너무 마음에 들었어요. 2층 테라스에 올라가 아내는 한라산을, 저는 바다를 보고 있었죠. 바다는 지척으로 가깝고 한라산은 끝자락까지 막힘없이 보였죠."

예상했던 비용을 꽤 초과하는 4억원대 건물이었지만 부부는 그 자리에서 바로 계약을 체결했다.

모던한 외관과 아날로그 인테리어의 묘한 어울림

매매 계약을 체결한 후 가장 먼저 고민했던 건 실내 공간을 어떻게 채울까였다. 부부가 마음속에 그린 게스트하우스는 일본 영화 〈안경〉 속의 민박집. 휴대폰도 터지지 않는

신축 게스트하우스
타오하우스

한적한 바닷가로 휴가를 떠난 한 중년 여성이 묵게 된 민박집을 중심으로 소소한 일상이 펼쳐지는 슬로무비다. 바로 그 민박집이 '타오하우스'에 담고 싶은 스토리였다.

현관문을 열고 들어선 타오하우스, 가장 먼저 눈에 들어오는 건 게스트들의 커뮤니티 공간인 거실이다. 한 구석을 차지한 오래된 오디오 시스템과 빛바랜 LP판, 필름 카메라까지 온통 세월의 더께가 느껴지는 물건들이다.

현관 왼쪽에 위치한 '작가의 방'은 한쪽 벽면이 온통 책이고, 타자기까지 놓여 있으니 어디선가 본 듯한 서재에 들어온 느낌이다. '작가의 방'뿐 아니라 타오하으스의 공간 곳곳에 책들이 놓여 있지만 마치 오래전부터 그곳에 있었던 것처럼 각기 다른 객실, 아니 '방'이라는 표현이 더 적합한 공간들과 잘 어울린다.

1층의 2개 객실('작가의 방'과 온돌인 '다도의 방')뿐 아니라 2층의 2개 객실에도 부부의 손때 묻은 물건들이 곳곳에 놓여 있다. 중학교 1학년인 아들이 만든 작품(?), 그림책 등이 그대로 객실의 소품이다. 그래서 오히려 더 편안함을 주는지도 모르겠다. 4개의 객실이 각기 다른 콘셉트를 갖고 있지만 어느 객실의 문을 열어도 마치 오래전부터 내 방이었던 것 같은 느낌을 준다.

내부 공간에 종환 씨 부부의 스토리가 녹아 있다면 외부 공간은 '타오하우스'만의 모던함이 잘 살아난다.

1층 테라스에는 중정 수공간이 아담하게 자리하고 있다. 2.8m×2.3m 정도의 수공간 앞에는 작은 의자와 테이블을 두어 잠시 앉아 여유를 누릴 수 있도록 했다. 테라스에 사용된 방부목은 오톨도톨한 단면이 외부로 노출되는 일반적인 시공과 달리 매끈한 단면이 노출돼 있다. 이처럼 매끈한 면이 노출되면 하자보수 발생 빈도가 높아져 국내에서는 시공하는 경우가 많지 않다는데, 다른 시도를 통해 감각적인 느낌을 연출했다.

1층과 2층의 공용 욕실에도 세심한 신경을 쓴 흔적이 역력하다. 1층 욕실에는 편백나무로 꾸민 사우나실도 있고, 인테리어타일로 꾸며진 2층 욕실은 1층에 비해 약간 작지만 2개의 객실 손님이 함께 이용하기에 불편함이 없어 보인다.

각 공간의 철저한 프라이버시 확보도 타오하우스에서 특히 신경을 쓴 부분이다. 1층에는 왼쪽에 '작가의 방'이, 오른쪽에 거실과 주방을 분리하는 가벽 뒤로 '다도의 방'이 위치해 있다. 소음이 통과해야 하는 벽이 층층이 있으니 '다도의 방'에서 아무리 큰 소리가 나도 '작가의 방'으로 넘어가지 않는다. 공항 근처라는 특수성을 감안해 창호도 고급 자재를 사용해 몇 분 단위로 뜨고 내리는 비행기 소리가 거의 완벽하게 차단된다.

공용 거실로 사용하는 1층 내벽의 마감도 눈에 띈다. 갤러리 스타일의 디자인과 실크벽지 마감에 더해 곳곳에 부분 조명을 배치함으로써 사진이나 그림을 전시해도 좋을 공간으로 꾸몄다.

아날로그 체험, 더 풍성한 B&B로의 비상을 꿈꾼다

공간 자체가 갖는 아름다움에 지난 3년의 시간이 더해지니 멋스러움과 편안함이 배가된다. 3년의 시간은 게스트하우스 초보 운영자였던 부부에게도 더 많은 기회를 주고 있다. 정착기를 넘어 이제 안정을 찾게 된 게스트하우스, 더 풍성한 게스트하우스로의 비상을 꿈꾸고 있다.

제주에서 도예와 바리스타 실력을 갈고 닦아온 종환 씨는 더 풍성한 즐길거리를 개발 중이고, 아내는 타오하우스에서 예약제로 제공되는 제주 돼지 된장구이 정식을 시작으로 다양한 로컬푸드 음식 만들기에 푹 빠져 있다.

"아날로그 체험, 그리고 그걸 통해 '나를 돌아보는 시간을 갖는' 공간으로 만들려 합니다. 추후 적당한 공간에 암실을 만들어 체험 프로그램도 운영해 볼까 해요. 즉시 볼 수 있는 디지털 사진이 아니라 암실에서 인화지에 서서히 모습을 드러내는 자신의 모습을 보게 된다면 조금은 다른 세계를 경험하게 되지 않을까요?"

3년간의 시간이 바꿔 준 제주에서의 삶, 자신들이 느낀 삶의 방식을 타오하우스에서 하룻밤만이라도 '살다 가는' 손님들에게도 오롯이 전해 주고 싶다는 부부의 바람. 이게 바로 가격을 높이고 숙박 인원을 줄여도 그곳을 찾는 사람들이 꾸준한 이유일 게다.

신축 게스트하우스
타오하우스

___ Tip ___

뭘 하든 2년 정도는 해 봐야 진정한 '내 길'을 찾는다

1년 정도는 아무것도 모르고 좌충우돌만 한 것 같다. '어떻게 하면 청소 시간을 줄여 볼까? 언제쯤 내 개인 시간이 날까?' 늘 그런 생각을 하며 살았던 듯한데, 시간이 지나고 보니 이제는 좀 알 것 같다. 일정수의 정원을 유지하면 어떤 편법을 써도 절대적으로 들어가는 시간이 줄지 않는다. 오히려 양보다는 질을 택해 널찍한 2인실 공간으로 바꾸니 여유 시간이 훨씬 더 많아졌다. 그러면서 자연스레 취미로 시작한 도예에도 더 집중할 수 있고, 게스트하우스를 풍성하게 하는 다른 구상들도 할 수 있게 됐다.

게스트하우스 신축? 평당 500만원이지만 마음고생 비용은 2000만원

지난 몇 년간 제주도의 건축 경기가 호황을 누리면서 건물 신축 비용도 꾸준히 증가했다. 신축의 경우 대략 평당 500만원 정도가 소요되는데 공정이 일정대로 진행되지 않는 경우가 다반사이고, 도중에 자재 사양이 바뀌기도 한다. 왜냐하면 대부분의 건축주가 집을 지어 본 경험이 없으니 무엇이든 일단 좋은 자재를 보면 마음이 끌리기 마련이기 때문이다. 예산에 큰 무리만 없다면 더 좋은 자재를 쓰고 싶은 게 인지상정 아니겠나.

하지만 무엇보다 골치 아픈 건 내 마음대로 움직여주지 않는 일꾼들, 태풍과 바람 등 불가항력적인 상황이 자주 발생한다는 점이다. '집 한 채 짓고 나면 10년은 늙는다'는 얘기가 그냥 나온 게 아니다.

내가 꿈꾸던 집을 짓는 것도 좋은 방법이겠지만 제주에서의 신축은 육지와는 여러 모로 어려운 점이 많다는 점을 기억해 두자.

Housing purchase

신축 주택 구입 관련 정보

- ☑ 부지 매입일 : 2012년 12월
- ☑ 구입 비용 : 약 4억원
- ☑ 대지 면적 : 259㎡(78평)
- ☑ 연 면적 : 177.06㎡(53.5평)
- ☑ 건축 면적 : 129.29㎡(39평)
- ☑ 건폐율 : 49.92%
- ☑ 시공/설계 : 웨이브
- ☑ 공사 기간 : 10개월(2013년 3월–2013년 12월)
- ☑ 건축 구조 : 철근 콘크리트
- ☑ 주요 건축 자재

자재구분	자재명
지붕재	24mm 방부목+스텐오일칠
단열재	13mm 열반사 단열재/가스보일러
창호재	LG ZI:N창호
외벽 마감재	노출 콘크리트 치장몰탈/칼라 강판
내벽 마감재	바닥: 온돌용 바루널, 벽: 실크벽지
주방가구	자체 주문 제작
데크재	24mm 방부목+스텐오일칠

- ☑ 게스트하우스 운영용 가구, 전자제품, 집기, 소품 등 구입 비용 : 약 1000만원

1 전경 바다와 한라산이 와이드뷰로 펼쳐지는 곳

200미터만 걸어 나가면 만날 수 있는 바다. 2층 테라스에서 보면 왼편으로 도두봉과 바다가 펼쳐지고, 한라산은 양쪽 끝자락까지 파노라마처럼 시야에 들어온다. 주변에 높은 건물이 없는 공항 근처 게스트하우스만의 장점이다.

2 테라스 감각적인 느낌이 돋보이는 중정 수공간

2층 테라스가 확 트인 전망을 선사한다면 1층 테라스는 조용한 휴식의 공간이다. 테라스의 작은 수공간, 잠시 동안 발을 담가도 좋고, 의자에 걸터앉아 음악을 듣거나 책을 읽어도 좋다.

신축 게스트하우스
타오하우스

3 거실 아날로그 감성 충만 인테리어

여주인장의 친정에서 가져온 오래된 물건들이 아날로그 감성을 자극한다. 몇 십 년은 되었을 오디오세트, 턴테이블, 주인장이 학창 시절 사 모았다는 LP판, 오래된 카메라에 타자기까지. 손때 묻은 물건들이 자리하니 모던함보다는 오히려 아늑함이 느껴진다.

4 주방 칸막이 진열장으로 조리 공간과 식탁 분리

조리 공간과 식탁 사이에 칸막이 진열장을 세워 공간을 분리했다. 주방 자체가 그리 넓지 않은 편인데, 손님의 간식거리를 늘 식탁에 올려 두고, 조식도 내는 자리이기에 주인장의 동선보다는 게스트의 입장에 더 많은 신경을 썼다.

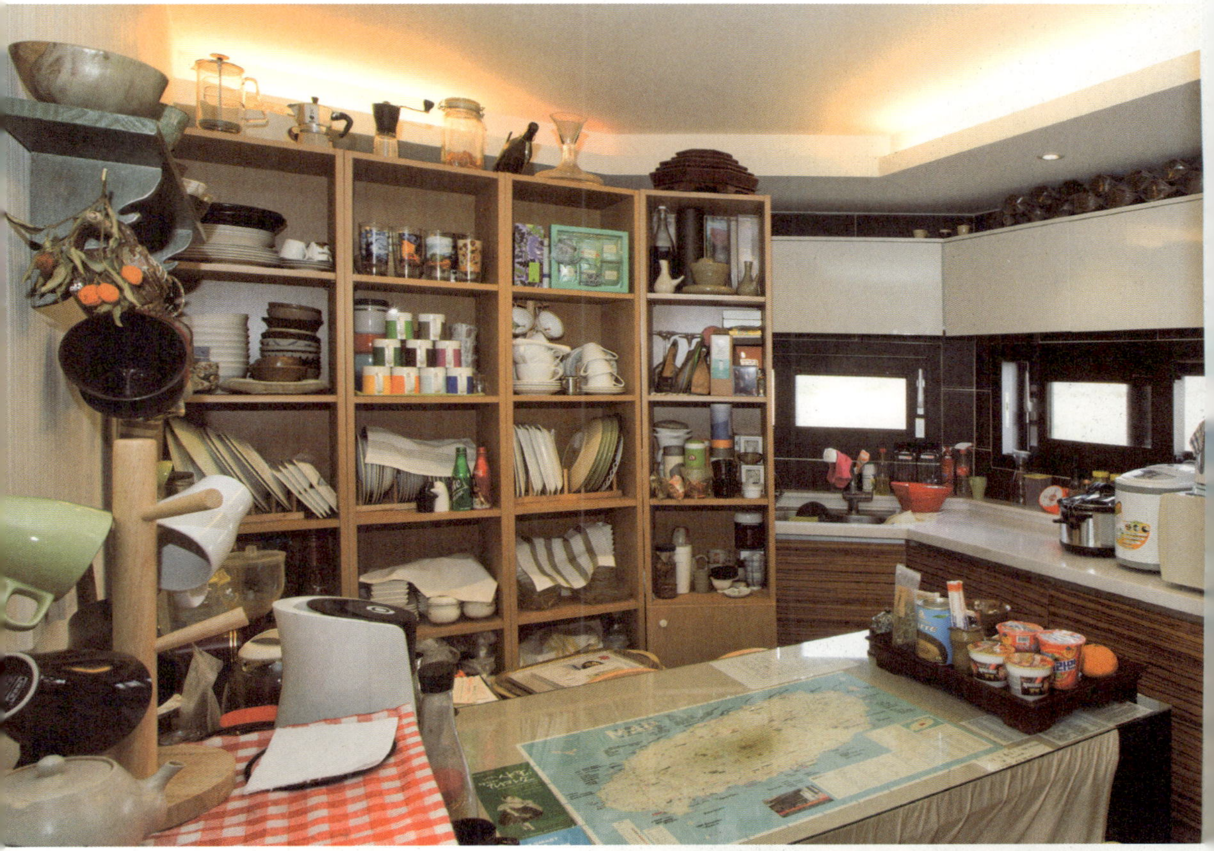

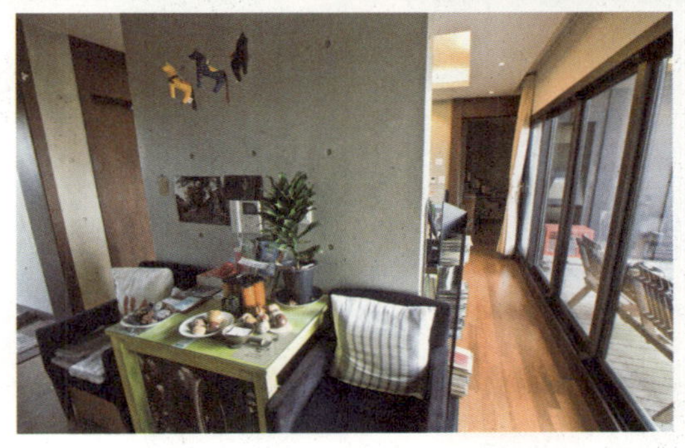

오랫동안 머물면서 글을 쓰거나 한적하게 책을 읽으며 휴식을 취하고
싶은 게스트가 자주 찾는 공간이다. 내 집 서재처럼 한쪽 벽면뿐 아니
라 책상까지 다양한 분야의 책이 가득하고, 소품으로 놓인 옛 타자기가
아날로그 감성을 자극한다.

6 객실(그림책의 방) 아이와 함께 옛 추억에 잠기다

주인장 부부의 중학교 2학년 아들이 만든 작품(?)과 그림책이 그대로 객실의 소품이 됐다. 가장 널찍한 방에 싱글 침대 2개와 여분의 베드까지 있으니 가족 여행객이 즐겨 찾는 공간이다. 아이와 함께 그림책을 보며 옛 추억에 잠겨 보는 건 어떨까.

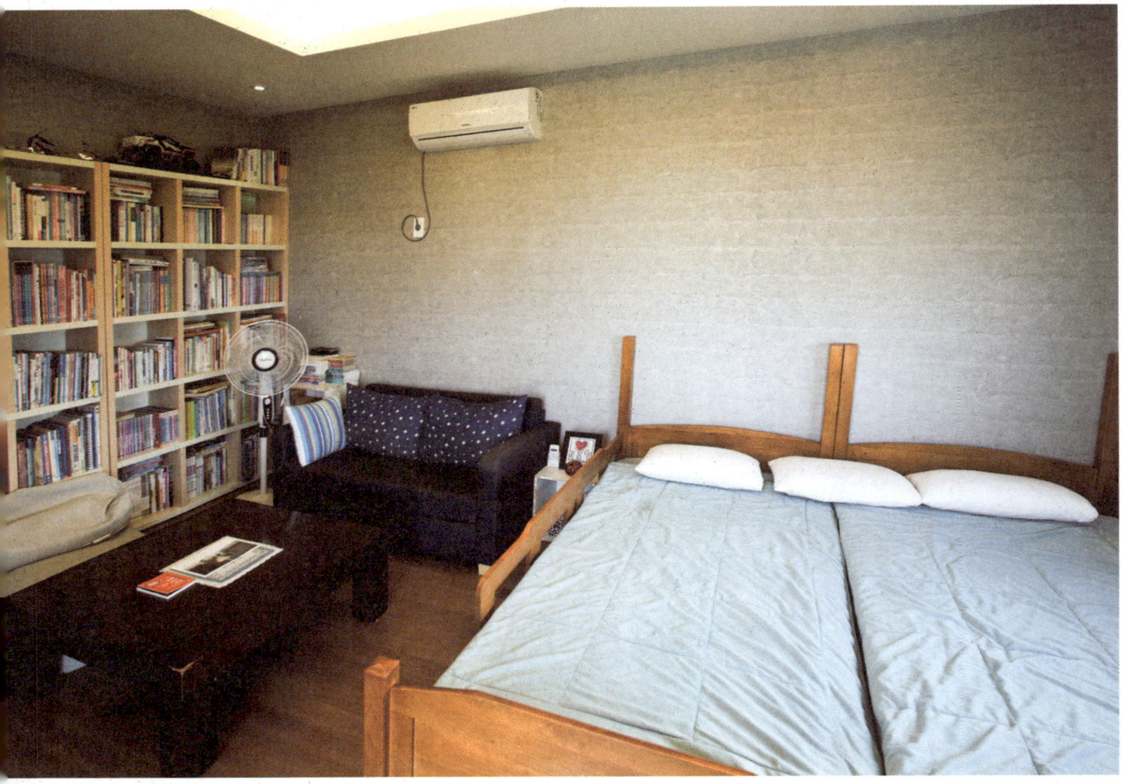

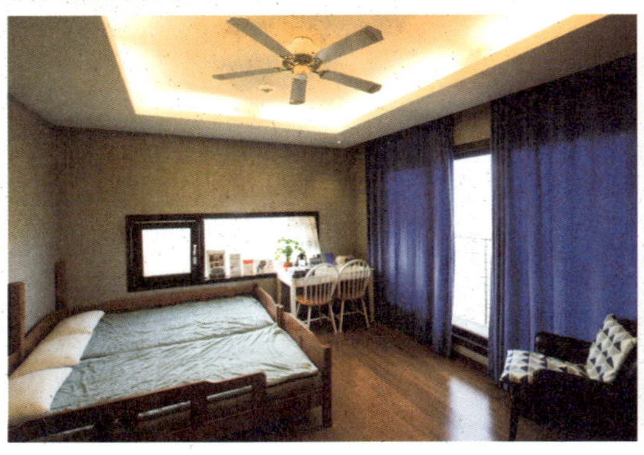

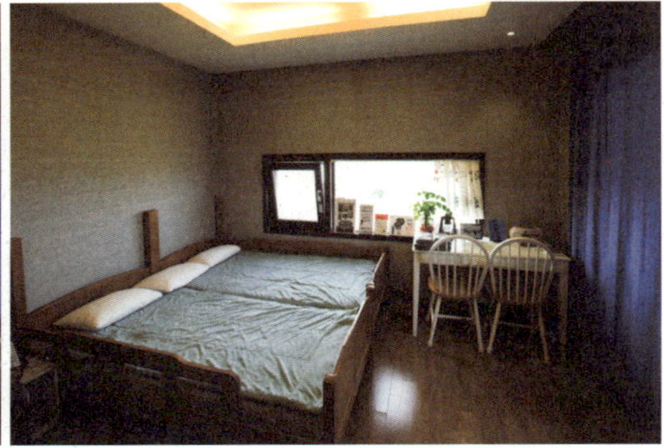

7 객실(다도의 방) 젠스타일 한실에서 다도에 빠지다

'다도의 방'이란 명칭답게 객실 한 편에 정갈한 다기가 갖춰진 젠스타일의 한실이다. 안주인이 사용하던 고풍스러운 느낌의 2인용 소파, 다기가 놓인 작은 테이블 등 손때 묻은 듯한 몇 가지 소품만으로도 멋스러움이 묻어난다.

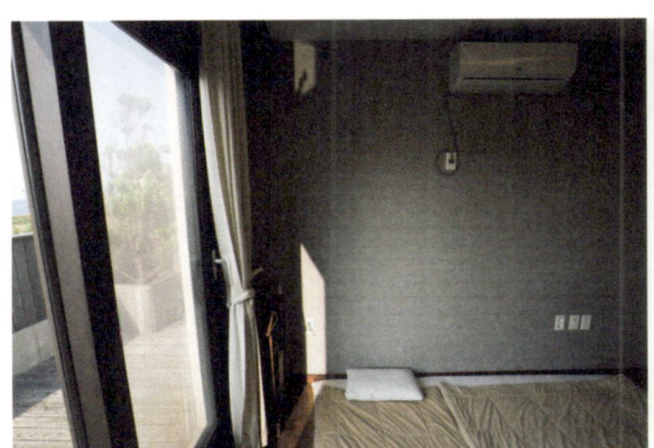

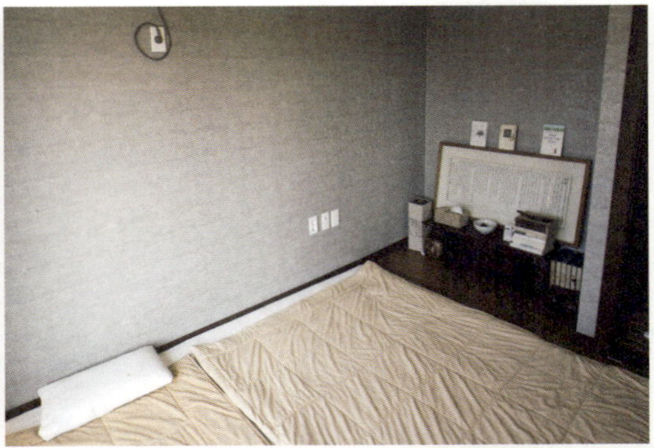

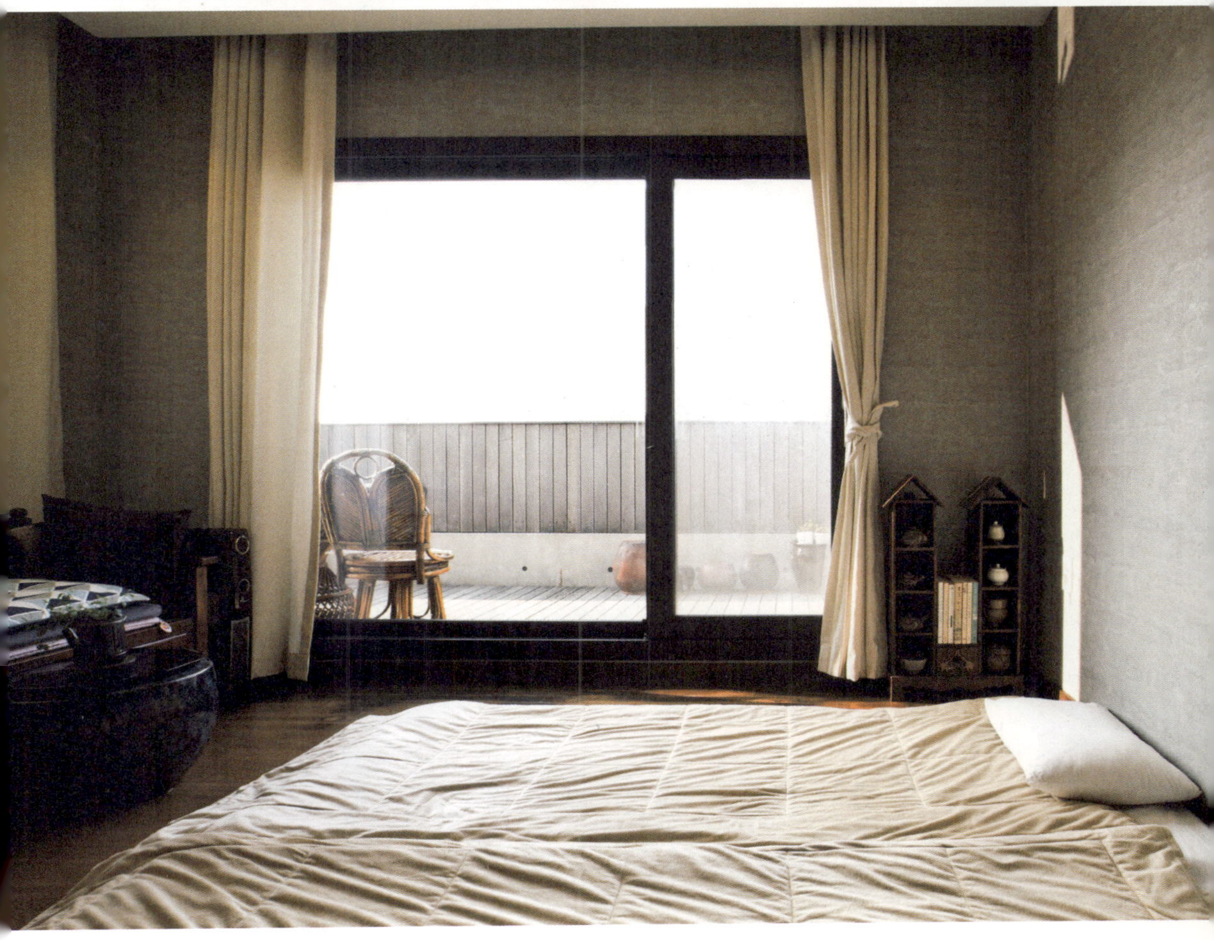

 객실(디자이너의 방) 창 너머 한라산을 스케치북에 담다

스케치북을 펼쳐 놓고 창 너머 한라산이라도 스케치해야 할 것 같다. 아침에 눈을 뜨면 커다란 창문 너머로 한라산이 눈에 들어오고, 저녁에는 제주시의 야경이 화려하게 펼쳐진다. 언제라도 보고, 느끼고, 상상한 것들을 화폭에 담을 수 있다.

9 욕실 여행의 피로를 풀어주는 편백나무 사우나실

'작가의 방'과 '다도의 방' 손님이 함께 사용하는 1층 욕실엔 편백나무로 꾸민 사우나실이 함께 있다. 은은한 나무향을 맡으며 여행의 피로를 풀 수 있도록 주인장 부부가 새롭게 꾸민 공간이다. 2층 공용 욕실은 1층에 비해 작고 아담한 사이즈로 인테리어 타일로만 마감했다.

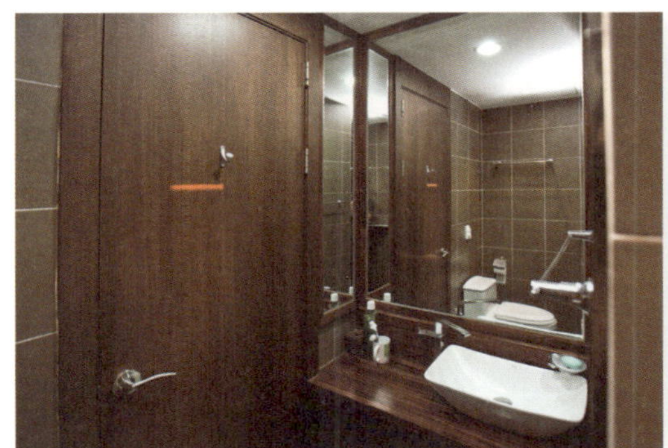

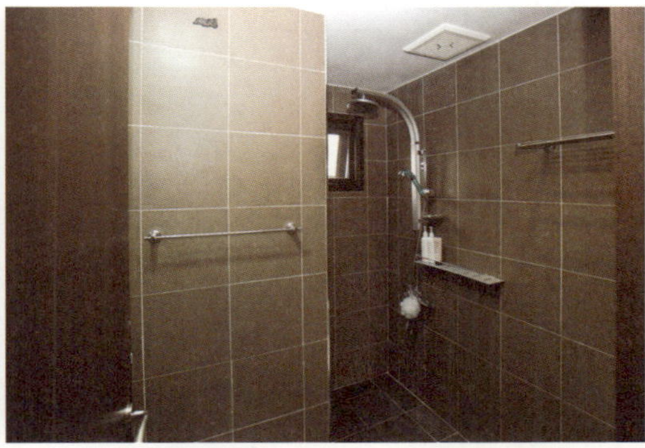

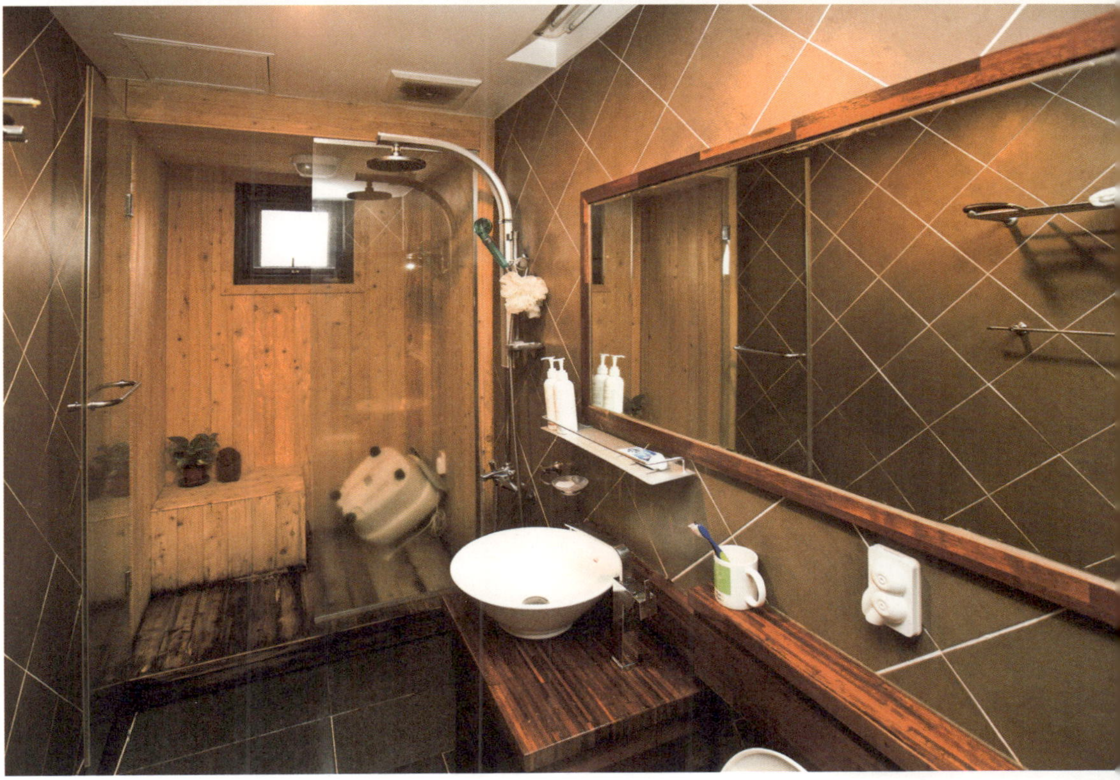

Income measurement

Ⓦ 타오하우스의 3년 평균 객실점유율은 47%. 도미토리룸이 2013년 6인실, 2014년 4인실, 그리고 올해는 2인실로 바뀌었으니 2015년만 기준으로 삼는다면 최대 정원은 8-10명이다. 만실일 경우 비수기는 일 40만원, 성수기는 일 50만원으로 월 1200-1500만원 선이니 45.7%의 객실점유율이라면 월평균 540만-685만원 정도의 매출이 된다. 다른 게스트하우스에 비해 식재료를 고급화한 탓에 전기료, 난방비 등을 포함한 월평균 운영비가 200-250만원 정도 지출된다.

2014년에는 세월호 사고로 인해 직격탄을 맞아 줄줄이 예약 취소가 이어졌고, 7월 말이 돼서야 서서히 회복되기 시작했다. 제주도 내 다른 지역 게스트하우스와 달리 공항 근처에 위치해 있어 세월호, 메르스 등 관광업계에 영향을 미치는 온갖 악재들을 피해가기 어렵다.

도시에서의 수입과 비교하면 부족한 수준이지만 대신 더 많은 시간을 가족과 함께하고, 그동안 잊고 있었던 다른 재능과 취미도 찾았으니 수입은 그리 중요하지 않다.

타오하우스 2013.3.–2015.12. 객실점유율

〈단위 : %〉

	1월	2월	3월	4월	5월	6월	7월	8월	9월	10월	11월	12월	평균
2013	–	–	20	50	60	80	80	90	50	60	50	40	58
2014	20	20	20	35	40	30	35	60	35	60	40	35	35.8
2015	30	35	35	50	60	50	60	70	50	45	45	36	47.2
평균	25	27.5	25	45	53.3	53.3	58.3	73.3	45	55	45	37	47

대표 김문재(공인행정사)   제주시 구좌읍 일주동로 3151(세화리 1228) / 064-784-2468 / 010-4065-˙121
전문 분야 귀농 귀촌, 제주 이주, 제주 토지 매매, 건축인테리어 컨설팅 및 공인행정 상담
수필하우스 게스트하우스 · 독채 펜션, 카페 및 다수 게스트하우스&카페 건축 상담 등 진행

대표 김형호   제주시 제주시 일주서로7867(연동 1987-5) / 064-799-3141 / logos3141.blog.me
전문 분야 건축 디자인 · 인테리어 디자인 · 환경 디자인 개발
게스트하우스 건축 현황 수필하우스&독채 민박, 동촌하우스, 북마크하우스, 하늘정원, 프라이빗 렌탈하우스,
미쓰홍당무 게스트하우스, 함피디네돌집 등 게스트하우스 외 다수 카페 및 갤러리 진행